聖書と起業

［改訂増補版］

Masachika Maeda
前田昌調

みつばち書房

はじめに

二人のビジネスマンが、10年後の自分たちの姿を思い描いた。1人は、生活レベルや地位を想い、他の1人は、自身がもつ気持ち（感情）を考える。前者は、麗美な家、豪華なオフィス、快適な外国旅行などを想い、一方、後者は、仕事に満足する姿を見る。この2人は共に、サービス効率達成が大切であると認識しているが、前者には、少なからずの利益優先型の人が見られ、一方後者は、長期的な評価醸成の思考を展開するという。

そして、これらの事例を見て私たちは、自分が平易な道を選択しているのではないか、という思いに行き当たる。本物に出会うことの少ない、事前に分かっていれば、誰も歩みたいと思わない場であるが、多勢の留まる処《ところ》でもある。一方、当初は、障害物・急勾配等を露呈するが、進むにしたがって広くなだらかになり、成果に至る道がある。

ここで、たとえ外れた道に踏み入っても、確かな基準があれば立ち返ることができるだろう。では基準とは何か、それを事業に適応するプロセスとは何かという問いに行きあたる。本書では、この回答のために聖書を選択した。数千年の時間を経てなお読み継がれるこの書からは、多くの知恵と指針を識ることができ、また、未来を引き寄せる力を得ることになる。

私たちのベンチャー企業（２００６年２月設立）は、事業の一環として、蜜蜂を殖やし、同時にウイルス疾病を治癒・予防する微生物を探索するために、１０００株以上の細菌をしらべたが、そのなかから自然界に目立つことなく生息する善玉菌を獲得した。そして、この菌の種類が、社会的に知られる乳酸菌・ビフィズス菌とは異なるため、当初は人々から注目されなかったが、脆弱な蜜蜂にも安全であり、さらにウイルスを抑制・排除する機能が、人間の健康に役立つこともわかり、現在の私たちの製品の柱となった。ここで、小さいながらも成果を得た要因は、聖書を参照したことで、機能と安全という事実のみを追い求めることができ、既成・従来の評価に惑わなかった点にあると言える。

一方、聖書には、危険な側面がある。それは、人々の選択の自由を前提にして記されたという特徴にあらわれる。例えば、外れた道を行くかまともな道に在るかの決定が、個人に任される。この点が怖いところだろう。しかし外れた道、まともな道とは何かという問いには、十分な答えを提示し、また迷い悩んだ際に、進む方向を示してくれる。西欧では多くのビジネスマンが、重要な決議を行う前に、静かに何時間もこの書を読むという。

なお、本書では、聖書を、基準・指針を得るための案内人としているが、山に登る道はいくつかあるはずである。宗教は、人間が、神、仏、宇宙、自然からの啓示等を文章化し、それを基にして構築した人為的組織と言えるが、一方、我々の目的は、この人間のつくった形式に束縛される状態に在るのではなく、経典や修行者を通して、その背後に息づく天の摂理、神の御意（おもい）に到達することだと思う。したがって、キリスト教であれ、他の宗教であっても、これらが宇宙の生成・発展を司る真理に至る道であるならば、否定する理由はないと言えるだろう。よって本書は、聖書の内容を主構成としながらも、同時に、大いなる存在に通じると思われる道、また先達の言を少なからず参照した。

神は、人間の造語である。聖書は、「わたしはあるという者だ。」（出エジプト記3：14）と記している。その彼（ある者）は、呼び名を気に掛けるような、狭い了見の方とは思えないので、本書は神とともに、天、超越、存在、摂理、真理などの呼称も用いた。なお、先達の言葉を引用した箇所では敬称を略したが、この選択は、彼らの業績、切り拓いた道を軽視するものではない。

なお、参照する聖書は、新共同訳聖書（日本聖書協会）と新約聖書（岩波書店）とした。

現在は、会社を起こす人たちに限らず、企業・組織に所属する、あるいは家事をつかさどる役割にある人々にも、経営者、起業家のマインドが求められている。さらに時代は、組織、因習に束縛されず、個人の責任で提言、実現、運営する、言い換えれば批判に終始することのない、行動のできる人を必要とする。

ここに本書がもし、読者のさらなる発展の材料になるとすれば、非力な著者を通して、天の配慮の一端があらわれたと言えるように思う。

目次

聖書と起業

第三章　世間の応答 ―― 81

第四章　起業と内面 ―― 107

聖書と起業

第一章　起業の案内人

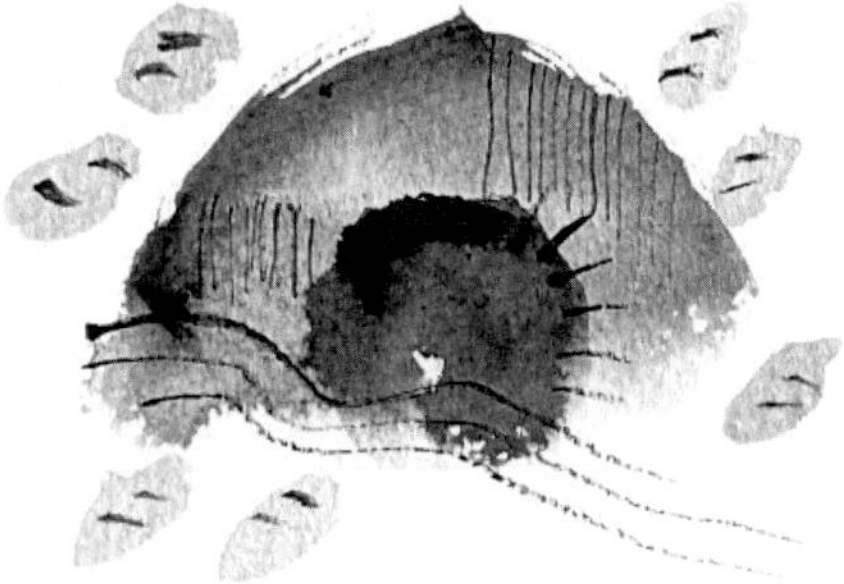

1　聖書による案内

起業は密林の探検に似るという。しかしここで、たとえ未踏の地であっても、優秀で経験豊かなガイド（人材）がいれば、少なからずの艱難を避け、成果を得る援けになることだろう。同じように起業でも、的確で優れた指針のもとでは、危険、困難等の多くを回避することができる。さもなければ、猛獣の攻撃、盗賊の襲来、物資の供給不足、仲間割れ、そして病気や害虫による被害など、密林で起きるような問題に、（起業でも）対峙することになりかねない。

ここで、案内（人）・指針を獲得しようとする際には、我々は、周囲の人々の言動・主張の影響を受けて迷うことになる。もし、人が公園のハトの群れに加われば、地面の餌を毎日つつくだろうし、一方、大鷹の仲間になれば、空を翔《か》け巡る。この両者には、各々に意味と価値があるが、しかし、日々のルーティンのなかで、事業・自分自身を俯瞰する鷹の目を疎かにする、その一人になるならば事業（の進展）は危うくなることだろう。一方、確かな基準を得れば、たとえ周囲がどのような動きを見せようとも、惑うことなく、実りある道を拓くことになる。

そして、聖書は次のように言う。

「わたしを呼べ。わたしはあなたに答え、あなたの知らない隠された大いなることを告げ知らせる。」（エレミア33：3）

起業は、意外性を具現化する事業と言える。そして、世にはないものを希求するのであれば、異次元の思考と獲得行動が必要となる。ここに、聖書は道を示し、事業の価値を高める。

そして、次のようにも言う。

「私は貧しく暮らすすべも、豊かに暮らすすべも知っている。満腹していても、空腹であっても、物が有り余っていても不足していても、いついかなる場合にも対処する秘訣を授かっている。」（フィリピ4：12）

人は往々にして、富む者に価値を置き、貧しい（小さくされた）人を低く見る。しかし、いかに錚々《そうそう》たる事業家・企業が、小口の（乏しいとみなされる）顧客を軽視し没落したことか。聖書においても、貧富の形態は価値基準とはならない。

加えて、より必須の要素は、行動を支える勇気と言えるだろう。人は、成果や富の獲得を望むと言いながらも、実は内心に、それらへの忌避と諦めを持つ。この惰性的ともいえる感情に、背を向ける勇気が大切だ。起業する人には、貧富に価値を置くことはないが、しかし富むことに逡巡することのない覇気が、そして、既得権益等にひたる強欲な人たちに相対しても、恐れず、穏やかにして（その問題点の）核心を突く行動力が備わる。

「強く、また雄々しくあれ。恐れてはならない。彼らゆえにうろたえてはならない。あなたの神、主は、あなたと共に歩まれる。あなたを見放すことも、見捨てられることもない。」（申命記31：6）

志の達成という意思（おもい）を精鋭化するなかで、起業する人は、時に先行き失敗の不安に襲われる。しかしそれでも、確かな道に在る者、基準（プリンシプル）を持つ者は、結果の是非に怖気《おじけ》ることはない。見られていて、見放されることがないからである。

2　約束されたもの

聖書は、我々通常の人間が、理解できる範囲内において判断すれば、キリストそして神より聞いた、あるいは啓示されたとする言葉を、人が文章化した書物である。その後、聖書にあるキリスト教は、数千年の歴史のなかで宗教戦争、異端弾圧、権力への迎合等の矛盾を露呈するが、人知を超えた意思（おもい）が内在するのか、多くの人の共感を獲得し、また長い歴史に耐えたが故の安定感をあらわす。

ここで、聖書のなかで、イエス・キリストの言動を追うと、彼は福音《ふくいん》（良き訪れ、神の言葉）を説いてはいるが、自らは宗教をつくらなかったことに気付く。宗教組織でも規則があり、その内容はしばしば本質から離れる。組織維持または擁護の要求を優先する趨勢があるからだ。

内村鑑三は、自分はキリスト教信者ではなく、キリスト信者であり、人間がつくった組織（宗派）に依存しなくても、聖書を経て、あるいは直接に、神を知り祈ることができると言う。内村は、無教会主義の提唱者と言われるが、これは正確な内容を表してはいない。彼は無教会の意義を記してはいるが、教会を否定はせず、（教会等の）組織に優越する精神価値と神の恩寵への揺るぎない確信を主張した（ジョン・F・ハウズ、近代日本の預言者、教文館）。そして、ナチスに抵抗し処刑された、ボンヘッファー牧師も書簡で記す。〃宗教がキリスト教の一つの衣服にすぎないとすれば、無宗教的キリスト教とはなんであろうか。キリストはもはや、宗教の対象ではなくまったく別な何かであり、真にこの世の主である〃（エバハルト・ベートゲ編、ボンヘッファー獄中書簡集、新教出版）。また、〃イエスとその時代のキリスト者の生き方には、否定できない革命的な新しさがあった。そして、それが信仰となり宗教という形で表現されていった〃（竹下節子、キリスト教は「宗教」ではない、中公新書ラクレ）、とする同様の、宗教を形式ととらえる主張がある。

ここで宗教の権威から離れても、人は絶対・不変の存在を期待する。相手、神が変わりやすいのであれば、信じることは難しいが、対象が一貫していれば疑う余地は減少する。しかし、それでも人は、信仰と疑いの混在する中に生きる。

「彼（アブラハム）は希望するすべもなかったときに、なおも望みを抱いて信じ、〝あなたの子孫はこのようになる〟といわれていたとおりに、多くの民の父となった。」（ローマ4：18）

彼（アブラハム）は、永住の地を求めて荒野をさまようが、その間、神からの言葉はあっても、希望がもてるような徴《しるし》は与えてもらえなかった。こうして、信頼はあるがそれを維持する状態にはない、いわゆる確信することのできないなかで、依り頼み、歩み、多くの民の長（父）となる。

信じる、あるいは依り頼むことの影は疑問、不安であり、我々の生活においても、疑いの占める割合は小さいとは言えない。ここで疑い（不安）を解消するためには、自分が支えられていると認める想いを必要とする。すなわち、約束への信頼である。

ここで聖書は、次のように言う。

「神の国と神の義を求めよ、そうすれば他のものはみな加えて与えられる。」（マタイ6：33）

神の国は他を慈しむ心、そして神の義は、彼の寛容と赦《ゆる》しを内容とする。現代のポジティブ思考に通じるこの言葉・概念を認めれば、他のすべてのものは与えられると言う。アブラハムは、確信と徴のないなかで依り頼んだが、イエスはこの基準・約束を私たちに与えた。

3　遅すぎることはない

事業では、先んじる、あるいは後方に甘んじるという位置関係が重要視される。しかし神の価値基準は、人間のそれとは異なるようだ。

次のような物語がある。ぶどう園の主人が、最初、朝の9時に労働者を雇用し、次に12時に、そして午後の3時、最後に5時にも雇い、6時に給料1デナリ（当時の一日分に十分な賃金）を支払った。その時、全員に同一の金額を支給したので、朝9時から働いた人が、炎天下に仕事をしたにもかかわらず、1時間しか働いていない人と同額ではおかしいと抗議した（マタイ20：1-16）。これに対して、主人（神）は言う。

「わたしは、この最後の者にもあなたと同じように支払ってやりたいのだ。自分のもの

を自分のしたいようにしてはいけないのか。それとも、わたしの気前よさを、あなたは妬《ねた》むのか。」(マタイ20：14－15)

神が不公平な決定をしてもよいのかという、批判の集中する部分であるが、しかし、彼には人間の考えを越えた意思(おもい)がある。人は、しばしば、物事を自分の都合・尺度で判断し、聖書に対しても、自分の思いのままに解釈する。神を、自分と同じ立場にあると考えてしまう。

しかし、彼の考え・方策は、人と異なる場合が多い。若いころにさんざんに好き勝手なことを行い、その後あるときに振り返り、これではいけないと考え直した人がいる。このような場合、周囲は、あの勝手気ままな生活を楽しんだ人が、急にまじめになったと囃《はや》し立てることだろう。一貫して品行方正だと自認する人からすれば、いまさら真面目になったからといって受け入れられないと言うかもしれない。しかし、それは人間の思考であり判断である。聖書はそのようには言わない。すべてを掌握する神には、考え直した人の傍に立つ意思と権利がある。

同じマタイ伝の25：14－30に、主人が3人の僕《しもべ》に財産管理を任せる話がある。2人の僕は忠実に財産を増やしたが、1人は、そのまま保管し増やす努力を怠った。そこで、主人は怒り、不忠実だと言ってその3人目の僕を追い出してしまう。このように聖書は、勤勉かつ経済活動の増進を勧める。したがって、先の夕刻5時に雇われた人が得をしたという、このような解釈は成り立たないところだろう。

ここで、ブドウ園の主人の物語は、事業を始めるのに、良い世界をつくるのに遅すぎることはない、あきらめるなと説いた内容ということができるだろう。

そして、この物語には次が続く。

「後にいる者が先になり、先にいる者が後になる。」（マタイ20：16）

たとえ機先を制して、良いものに到達したと思っても油断してはいけない、なぜならば終盤を制さなければ、結局は何も残らないからである。話題の書、ゼロ・トゥ・ワン（ピーター・ティール、ブレイク・マスターズ、NHK出版）は、起業における先手必勝の危険性を指摘する。〝先手を打つのは手段にすぎず、本当の目的は長期にわたるキャッシュフローを生むこと、すなわち永続性のある収益構造をつくることである。まず小さなニッチでキャッシュフローを構築し、独占することである〟と述べ、そして、勝ちたければ何よりも終盤を学べと言う。この本の内容と、先にいる者が後になるという聖書の指摘とは、明らかに相似する。

4　静かにして力を得る

起業した当初には、転職した場合と似た状況が出現する。そこでは、人々の意識や習慣が異なるので、理解したと思えば落とし穴に遭う。このため、状況把握にむけて、社長であろうが自らが動かなければならない。製造作業、梱包・発送等を行い、会社内外を掃除する、これくらいは当然の仕事である。経営者には管理の仕事があるとしても、何でも行う思いがなければ、組織を俯瞰することにはならない。さもなければ、居心地の良い椅子といえども長くは留まれないだろう。

また当初は、会計帳簿の記載も大切だ。ここで意外に買い物好きという人間の習性がわかり、また、立場の違いによって、金銭に対する感覚の異なる事実を知る。払う立場では、出費の抑制を痛感するからだ。このような姿勢、すなわち攻撃的守備体制の構築で、事業の向上等、発展の準備が整う。

再建中の日本航空（ＪＡＬ）の役員会議で、当時の会長・稲盛和夫が、昼食弁当の値段を聞いたところ、誰も答えられず、彼は怒ったという。払う側の意識が備わっていないというのだ。多くの会社では、社長、役員はこまかいことに口を出さない、気にしないという雰囲気を醸《かも》し出すが、これは間違いである。会社のすべてを知らなければならないと、当時再建中のシャープ社長（戴正呉・鴻海《フォンファイ》副社長）も言う。大企業でさえ、（あるいは大企業だからこそと言えるかもしれないが）ここまで要求することを、我々は強く記《しる》さなければならないだろう。そして、この稲盛、戴の経営姿勢が、近未来の積極的な市場獲得、経営資質レベルの向上につながることは、想像に難くない。

また、国や銀行が、いかに出費を勧めるかを知ることも重要だと思う。設備投資では、銀行は貸付額の増大を進めるために背中を押し、政府もその伸びが景気の指標となり、税収増にもなるので推奨する。経営者のまわりには、このような支出圧力がつきまとう、しかし、屈してはならない。

「わが主なる神は、こう言われた。あなたがたは立ち返って静かにすれば救いを得、平《おだ》

穏《やか》にして依り頼めば力を得る。しかし、あなたがたはそれを望まなかった。」（イザヤ30：15）

浮かれる人、過信する人、自ら動かない人、はったりや威嚇を好む人は起業には向かない。一方、外れた道、および権威・世の趨勢への依存を回避し、平穏（おだやか）にして天・神に依り頼む人の事業は、既にその成果の半《なか》ばにあると言える。

5　一応、とりあえずの罠

人々は、農産物について、農家自身が食べる野菜は安心だという。もしも、このような揶揄《やゆ》が正しいのであれば、農業という産業の発展のためにも生産者は自家用の食料、すなわち自分の欲するものを消費者に販売しなければならない。

「自分が欲するものを人に与える。」（マタイ7：12）。

聞き慣れた言葉であるが、思いの外に実行されないキーワードの1つでもある。

災害住宅では、提供する自治体の職員は、自分が住みたい家を造っているのだろうか。例えば、天井高を3メートルにして強断熱構造にすれば、間取りが狭くても解放感が増し、かつ冬暖かく夏は涼しい。材料選択肢の増す時代に、法定規格さえ変えることができれば、これまでとほぼ同価格で建築できる。事実、台湾のスーチー財団は、世界の被災地に、快適な住宅ビルを建設し寄付しているが、そのポリシーは、自分が住むつもりで建てることだという。

そして、自宅の建設においても、次の人が使うと思えば、満足の得られる家になる。ハウスメーカーは、途中の修正を嫌うし、設計変更に際しては少なからずの費用を要求する。ここで、自分のための家と思うと妥協しがちになるが、次の人に引き継ぐと考えれば、不思議に強硬な主張ができる。さらに、柔軟に対応をする工務店の選択、設計変更を可能とする契約書作成等の意欲が増す。そして満足する家には、自分自身が永く住むことになるのだろう。

「自分自身を大切にするように、人を大切にしなさい。私は主である。」（レビ記19：18）

世界のいくつかの地方都市では、行政が率先して無薬農業を推進し、加えて、先端的医療装置を備えた病院を設置して、優秀な医師、従業員を良い待遇で集めている。このため、人々の移住が続き、市の財政が大きく伸びたという。地方の中規模経済圏において、食品が安全で、医療のレベルが高ければ、すなわち、自分にとって大切なものを人々に提供するのであれば、(他の地域の)人も大きな魅力を感じることだろう。加えて、このような経済圏における教育、エネルギー、住居等の事業分野でも、既成の概念にとらわれなければ、新たな事業チャンスを得ることになる。

地方における起業の利点は、東京や大都市を通さずに地方間で協働できること、そして直接に世界へ進出できるところにもある。品質、機能において妥協しない製品であれば、東京、大阪を介して売る必要はない。事実、地方の連携によって、あるいは世界にピンポイントに進出して成果をあげる中小企業は少なくない。

また、地方に居てよく投げかけられる言葉に、「～にしては」がある。我々の会社も、評論家口調で宮崎にもこんな研究、製品があるんだと言われる。「にしては」「にも」に対しては、地方の人間は見下されたと捉えるが、この理解は大都市人間への劣等感の表れといえる。東京地方の人が驚いている、いわゆる誉《ほ》め言葉なのだ。たとえそれでも気に障《さわ》るのであれば、聞き流せばよい。

そして、「〜にしては」「〜にも」で気付くように、地方には意外性という利点がある。ウォーレン・バフェットは、地方都市に会社を置きウォール街と距離を置くことで、世界屈指の良質企業をつくった。彼は、自分の輪の中にないものがあっても、むやみにそれを広げないという。輪とは、能力と言い換えることもできる。会社の能力は、志のある人材、製品、資金、そして（競争相手への対策もふくめた）市場浸透策の有無であろう。これらの確認や会社の成長努力が不十分であるにもかかわらず、市場拡大あるいは新分野へ進出する要因の1つには、世の評価に心を奪われるところがある。人は、わかっていても追《つい》従《しょう》に敗ける。厳しい批判よりも甘い評判に重きを置き、受け入れてしまう。ウォール街に渦巻く風評や評価がいかに変わりやすく空しいものかを、バフェットは看破したのだろう。

また、プロテニスプレーヤーの大坂なおみは、（米国籍の取得権利があっても）日本人をうたい、結果として意外性の効果を得ている。

それでも、ある程度全国規模の市場ができたと判断すると、会社あるいは製品の地方名をはずす企業がでてくるが、これも検討を要する案件だ。これまでの地方がもつ力、独自性をなくすことになるからだ。この利点のお陰で、（全国レベルにおける）レッドオーシャン（同業者間の競争）を回避している事実を見落としてはならないだろう。さもなければ、全国に埋没する危惧のなか、差別化にかなりの努力をはらうことになる。

全国展開を否定するものではない。しかし、もし人材、資金、流通において、いまだ準備が十分に整わない状況にあるとすれば、意外性を保持しつつ地方から大都市を攻め、顧客を獲得する方策のほうが優利と言える。また、地方と地方を結ぶ人々の共感、親近感も利点の1つにあげることができる。

加えて、地域の力をより強く具現化する手段として、起業家精神が求められる。地方再興を志向する行政機関は、往々にして、権力者、名士を集めて委員会を立ち上げるが、このような人たちは、時には駆動力とはならない。例えば、自治体が先端医療装置を導入しようとすると、特定の病院のみに人々が集まると言って、既成勢力が反対する。この例からも、地域有力者が改革に関与する場合の負の側面を知ることができる。一応、とりあえずの罠がここにある。ありきたりの方策を実施すれば、他地域との差違化に失敗したということになりかねない。

ここで、地方振興において、創造する、新たに造ると思えば荷は重いが、実は、我々が希求するものは、既に天より与えられていると考えてはどうだろうか。太陽、空気、水、この必須のものは、私たちがつくっているわけではない。コンピュータ半導体の核心部分シリコンの記憶特性も、自然界にある御恵《めぐみ》であって、人間がつくったものではない。生物、物質等あらゆる物を構成する最小単位・素粒子は、位置とその時が定まらないという、不確定性関係の特質をあらわすが、この性状は当然に人が定めたものではない。こうした重要なものが与えられているのであれば、他のものもあるはずである。私たちは、それらを探し出すだけでよいのではないだろうか。

上記の歴史的ともいえる言葉「自分が欲するものを人に与える」が示唆するように、心の目を開き、世の惑いを排して、自分、人々の内奥が求める物・ことを探し出す。このような方策の実行は難しいことではないように思う。

6　優しさの本体

軟弱な人の特徴と時には揶揄される優《やさ》しい心は、実際には武器となる。社員・スタッフは、心底において、上司・経営者の思い遣《や》りに共感する。ノルマ達成の報酬としての高額給料は、社員の変化誘因（インセンティブ）の一つになるとしても、非情な幹部が運営する組織から人が離れる実態からしても、上記の概念が会社の根幹要素であることがわかる。個人生活においても、（1、2度ならともかく）何回も宝石装飾品を買うことで、家族の歓心を得ようとする努力からは、思い遣りの心は生じない。できなくなった時の反応を想像すれば、理由は明らかだろう。そんなことよりも、世の認知と無視、称賛と嘲笑に関わることなく、慈善の行動をとる方が数段に優れていると言える。

事業において、社員・スタッフのモチベーションを内的に高める3要素は、成長（スキルアップ）、貢献、達成感とされ、また、外的要因は、給与、昇進、評価だといわれる。しかし、幸福感獲得の見地から考えると、後者は永続性に欠けると言える。確かに、これらは安楽（と思える）生活には必要であろう。しかし役職や評判を誇りにして、それが故に重々しい態度を表す人は、周囲から敬遠されることになる。金銭獲得においても、贅沢な暮らしは、時には気晴らしになるだろうが、固執すれば不安感の追随する状況になりかねない。

これに対して内的要因は、長期的視点を備えるためか安定感があり、なかでも、上司・経営者が社員のスキルアップを推進する方策は、組織、個人両者に有効に作用するといえる。なお、活躍する社員の独立に対する危惧は不要であろう。彼・彼女らの多くは、会社の配慮が故に外からも応援することになり、また、残る社員も対象モデルができたことで励みを得る。

一方、人々の成長を促す会社方針を阻害する上司・役職者がいる。彼らは、社員の進歩によって自分の評価が限定される、或いは低下するといった危惧感、いわゆる防衛心理を隠し持つ。そのため、(精神、技量両者の)統括的スキルアップに繋がる方策を(具体的に)提示することは少なく、人格が十分に備わるための忠告等だの、一方的かつ偏向した言を弄す。このような事象は、親の子に対する態度にもあらわれ、ヨハン・シュトラウス2世の父親(同じ音楽家である1世)は、息子の才能に嫉妬したと言われ、実際にその活動を妨害した。

第二章－8に記したように、良い麦と悪い麦は混在する。ここでは、良い麦を育てることに集中し、悪い麦への対応は時期を見る必要があるのではないだろうか。悪例に囚われて、良い施策の効果を弱めてはならないだろう。

なお、上記の(ような)上司・親は現代は少ないとしても、人は概して、心中の悪を制御する力に欠くという短所を持つ。

パウロは次のように言う。

「わたしは自分の望む善を行わず、望まない悪を行っている。もし、わたしが望まないことをしているとすれば、それをしているのは、もはやわたしではなく、わたしの中に住んでいる罪なのです。それで、善をなそうと思う自分には、いつも悪が付きまとっているという法則に気づきます。」（ローマ7：19－21）

悪（罪）は、自己保身、そこから派生する利己・嫉妬・競争心等を利用して人間を支配する。人の矯正努力に対しても、遠慮や退くことはなく、この支配者は（常時）巧妙に力を発揮する。こうして意に反し、自力では制御できない状態で、試みる者が心中に棲息するのであれば、我々が克つためには、他（天・神の）力を得なければならないことになる。すなわち、（自分は大切にされている、安心していられるという）満たされた心を獲得する経過（プロセス）である。その時に、利己、競争心、優越感等が消える。全てが与えられるからだろう。

持つ者は、我欲、敵対心を必要としない。そして満たされ、分かち合いたいと思う時に、優しさが（表に）現れる。

「神は、その独り子をお与えになったほどに、世を大切にされた。」（ヨハネ3：16）

神（存在、天）を見た人間はいない（という）この世に、彼は是とする者・イエスを与えた。神は人々を大切にする、この恩恵（めぐみ）を受領したときに、我々はあがくことも、罪に染まることもなくなる。そして、悪を回避する手段を保持する、自分自身が現れる。（なお後述するが、イエスは、刑死を予定して世に在ったわけではない。）満たされた心、神の御意（おもい）を保持する人は、世が（是に向けて）生成・発展することを認識し、勇気も獲得する。

「彼（神）は鉄の杖をもって彼らを治める、土の器を打ち砕くように。」（黙示録2：27）

加えて優しい心を持つ者は、自分の立ち位置を認識し、神への畏れを忘れない。恵まれた現状を、自力によって維持していると思い上がった時に、土の器のように壊される立場を理解する。こうして、返って、想定外の或いは願っていたような、より良い状況、人、物に出会うのだろう。

7　プロセスとゴール

起業（事業）は、道半《みちなか》ばとゴール（到着点、結果）の連続する場面によって構成される。しかし人は、ゴールを意識しすぎるあまり、プロセスを疎《おろそ》かにする。聖書も言う。

「後《うしろ》のものを忘れ、前のものへと身を伸ばしつつ、目標をめざして追い求めるようにのみ努めている。」（フィリピ3：13－14）

ここで、目標（ゴール）はめざすものであり、実際の行動（プロセス）は〃追い求めるのみ〃であるという。加えて、後《うしろ》のもの、すなわち、これまでの苦労や、（成功物語等の）実績を忘れよという。つまらない出来事に拘《こだわ》るなとの示唆でもあるだろう。

販売では、（店頭での）努力が買う人に影響を及ぼすことは少なくないとしても、購入の可否は客の判断によって決まる。ここに、ゴールは獲得するものという思いと、与えられるとする考え方の相違が浮上する。もし、自分の力でゴールに到達すると考えた場合には、販売においても、前のめりの姿勢をとることだろう。そして、この状況に対しては、相手は圧力と受けとめることになりかねない。一方、ゴールは与えられると思う人は、今できることを行い、結果は任せるという心境にあり、予想外の力が発揮されることになる。

場面は変わるが、羽生善治九段が62期王座戦5番勝負において3勝2敗で勝利したときに、対戦相手の豊島将之七段は言う。羽生は難解な状態がずっと続くことを肯定し、局面のバランスをとる手を考えていると思った。ここに、彼は、困難な状況においても、勝ち負けがはっきりするような解決方法を採らず、その場から早急に抜け出すような対応もしないと言える。勝ちは、追って与えられると考えるのだろう。

2点間の最短距離は直線である。事業の生産過程でも、(最短の方策を採用し)無駄を省くことは必須事項であり、宣伝でも販売に直結する内容は重要である。しかし、多くの事業事例においては、2点間連結には曲線が存在する。しかし起業する人の多くは、曲線が常態と判断するにもかかわらず、最短距離の展開を求めてしまう。地球は球形であるから、直線は描けないとした議論は不毛といえるが、事業の円滑な進展のなかにあっても、混乱、停滞、忍耐等の存在は大切な要素であり、また敢えて、混沌を次の躍進への始動手段とする事業家もいる。そして、曲線的展開には、単刀直入の表現には見られないユーモアや意外性があり、また忍耐（曲線）を覚悟した時に、想定外に直線的にゴールに到達する事例も少なくない。

ゴールは、得るのではなく与えられると思う人は、ゴール自体に囚《とら》われることが少ない。プロセスを大切にすることで、ゴールを与える者への信頼が生じるからであろう。

8　ティッピングポイント

現在の消費拡大を主路線とする経済システムには、起業に向かない領域が多い。例えば、低賃金労働市場を求めて世界を移動し、安価な商品を大量に生産する仕組みは、世界的な賃金の上昇も原因となり、限界に近づいている。

一方、（後にも記すように）既存のシステムの枠内においても、勇気をもって社会・経済の矛盾に立ち向かい、解決策を提示するような起業は、その成功確率が高い。批評を好み行動の少ない人は、このような挑戦に対して、簡単な課題であるかのように言うが、そこにはコロンブスの卵的論理、先駆者への忌避の露呈があるだけで、勇気のかけらも見られない。

勇気ある人は、物事に集中し、自分の能力を知り、向上・進歩の機会を追い求める。しかし一方、勇気の欠ける勝手気侭《きまま》な日々をおくる人は、概して能力を知ることがない者の特徴である傲慢を表し、そして生気が充分に備わらない。

この後者の事例は、事業家においても少なからず見られ、得てして彼らは、統計数値に囚われ、多数迎合に奔《はし》る傾向をあらわす。ここで、99人の顧客が満足しているから、1名からのクレームに配慮する必要はないとするのであれば、明らかに間違っているが、しかし99人が大切であるが故に、無意識のうちにこの誤作動を起こす人は少なくない。

聖書も、この〝一〟の重要性を指摘する。

「ある人が羊を百匹持っていて、その一匹が迷い出たとすれば、九十九匹を山に残しておいて、その一匹を探しに行かないだろうか。もし、それを見つけたら、迷わずにいた九十九匹より、その一匹のことを喜ぶだろう。そのように、これらの小さな者が一人でも滅びることは、あなたがたの天の父の御心（おもい）ではない。」（マタイ18：12－14）

日本電産会長の永守重信は、再建中の会社において、稟議書《りんぎ》の1円単位の数字にも目を通すという。永守は積極的な投資、大型M&Aの実行で知られる人物であるが、このような攻撃的な経営の原点に〝一〟を見ることができる。

管理の行きとどかないビルがあり、窓ガラスの1枚が割れていると、次第に壊されるガラス数が増し、状況は急速に悪化する。すなわち、ゴミ捨て場、あるいは犯罪等の温床になる。その始まりは1枚の割れたガラスにあるが、このような現象のきっかけ（割れた1枚のガラス）を意味するティッピングポイントは、羊100匹中の失われた1匹のように統計数値としては小さい。しかし、この数値の影が全体を覆う事実は否定できないところだろう。なお、ティッピングポイントにはプラスの意味もあり、なかなか売れなかったものが、ある時点から売れ出すきっかけをも表す。

99匹の羊は、当然評価されるべき大切な対象である。しかし、正しいと義《ただ》しいとは相違し、前者は概して、世の習慣・文化のうえに成立する。一方後者は、神の下《もと》で現れるのだろう。両者はともに重要な要素であるが、起業において、例えば運に恵まれる状況は、後者においてより多く出現するように思う。

西欧のいくつかの実力主義の国では、売って儲けた者が勝ち、成功が真実だとする思考を採用しがちだが、彼らの事業は、概してレッドオーシャン（競争の激しい領域）をつくる傾向にある。そして、その物質（主義）文化には、不寛容・残虐（戦争）の意識が潜在する。一方、日本で根強く残る誠実主義の社会には、よい品物を長く使う人たちが多くいて、このため、ブルーオーシャン（独自な分野・商品を扱い、競争の少ない領域）が構築される。ここにも、1名、1枚の大切さが示唆されている。

9　既に受け取っている

既に成功しているとする思考は、ゴール（結果）に固執することではなく、プロセスの拡充を内容とし、そして事業の成果獲得をより容易にする。

商談で、2つの場面がある。1つは、売り込みの最中で、あなたの説明が続くが、お客の気持ちが今ひとつわからない。それでも、この販売契約をぜひ成立させたいとあなたは思っている。もう1つの場面では、商品の販売に向け、既に契約締結が完了したかのような雰囲気で、顧客とのなごやかな会話が進む。

この2つの場面を逆の立場（顧客側）から見ると、どのような景色になるのだろう。前者では、売り込む人に相当の気合いが入っている、商品の説明が続く、話はうまいが、一方通行の会話なので聞くほどに疲れる。しかし相手が熱心なようで、もう少し我慢しよう。そして、後者の場面では、なごやかな雰囲気で会話が進み、売り手側からも時々質問があるので、自分のことなどを話すことも多い。何か商談ではないような気分だ。

この場面では、どちらも商品の売買は成立していないが、前者においては売り込みの最中にあり、後者では既に売れたと仮定して会話が進む。

「あなたが祈り、かつ求める一切のことは、もう受け取ったものと信じなさい。そうすれば、あなたたちにそのようになるだろう。」（マルコ11：24）

合意、契約が成立し、人的協力も得られている。このような好条件、順境が揃った場合に、自分はどのように行動するだろうか。その場面をイメージして対応を進めた方が、結局は良い結果が得られる。

面談の当初から契約が成立すると考えること自体おこがましい、勝手な思い込みであると言われるかもしれない。しかし、機能、品質の良い、あるいは相手に利便をもたらす商品であれば、契約はいずれ成立すると考え、対話を進めても不条理とはならないだろう。ミスもあるだろうが、気負って語気を強めたり、説得しようと前のめりの姿勢を見せる必要はなくなり、静かに話を進めればよいことになる。

また、この対応方法は〝自分は既に在る〟と表明することになる。自分は、すでに生かされている、すなわち、生きるために、パンを得るために働いているのではない。こうして、今ここに支えられて在る自分が、すべてを得た自分が、何をするか。

さらに、この聖書の言葉は増幅し、より大きな威力を発揮する。言葉には、（甘言、虚言、騙言《かたりいい》等の）口先の言と、一方、力を表するものとがあり、そのなかで、後者は時代の推移のなかでも廃れない。

ここに（啓示としての）言葉を信頼する人は、勝者、成功者、富者の意識を保持することになる。既に勝者であれば、自制心があり、相手を尊重する。他をライバルとしてみることはあっても、羨望したり嫉妬することはない。既に成功した者であるならば、我欲がなく、威勢を示す必要もなく、穏やかに事業を進める。富む者は、浪費することなく、客人をもてなし、思慮深い。ここに、より多くの成果が集まるといってもも過言ではないように思う。

10　利益の生まれるところ

事業で、耳の痛い忠告を、身近の人間や同業者から得ることは稀有《けう》と言えるだろう。一方、敵と思えるような人からの批判や悪口は、自らを省みる貴重な材料（教訓）となる。

ベンチャー企業の間で人気のあるコンサルタントK氏の会社から、パーティーの招待メールが届いた。年末の慌ただしい時期だったが、同社が発行する啓発セミナーCDを購入していることも動機となり、空路でパーティー会場に行ったところ、名簿に名前がなかった。担当社員の説明では、定員オーバーになった由の断りメールを送ったということだが、保存メールのチェックによってその間違いは確認できている。しかし、言う気にはなれない。話した方がK氏および彼の会社にはプラスになると思ったが、いっそう困惑する担当社員の様子を見たくないという気持ちがあり、言わなかった。このとき自分ながら、他人にとって必要な意見でも、なかなか話さないものだと実感した。同様に、他社の粗雑な電話応対や事務の怠慢、あるいは馴染みの料理屋での違和感等にいたるまで、これらを指摘したり忠告する人は少ないように思う。

一方、直接に辛辣な意見を発する人がいる。時には敵対者かとさえ思うわけだが、身近な人から改善点の指摘を得ることが難しい状況においては、彼らは、己を点検するための協力者、そして天の配剤とも言うことができる。

聖書に次の言葉がある。上記の忠告と同様に、ここに成果が我々の思いを超えたところから生じることを知る。本当のパンは天から与えられるという。

「モーセがあなたがたに天からパンを与えたのではない。私の父があなた方に天からの本物のパンを与えているのだ。」(ヨハネ6：32)

この言葉は、出エジプト記16：4から始まる物語に在る。モーセは、エジプトで奴隷として働くイスラエル人を解放・引率し、荒れ野を旅したが、食糧がなくなった。そのとき、人々は彼に対して、エジプトにいれば肉とパンを食べられたのに、あなたは我々を連れ出し、荒れ野で飢え死にさせようとしていると、不平を言う。ここで、神はモーセにパンを与えた。空からパンが与えられる話には疑問が残るが、このパンは、促成的に生育するマナと呼ばれる植物に該当するようである(出エジプト記16：15)。しかし事業では、本当のパンが天から与えられる事例は多い。

どら焼きを売る若者とハンセン病を経験した老婦人をテーマにした小説『あん』(ドリアン助川、ポプラ社)〟は、当初、大手出版社からの刊行が予定され、校正、編集作業が進んでいた。しかし、途中で、当該社編集重役より、明確な理由の提示もなく出版を拒絶されたという。その後、この小説は他の出版社から刊行され、映画もヒット作品となるが、結果として、本当のパン(成果)の出所《でどころ》は、先の出版社ではなかったことになる。

事業において、支援話などの立ち消えになることがあるが、ここで、落胆する必要はないだろう。それは、本当のパンではないからだ。真に必要な糧、配剤は与えられる。この信頼の下、今は自社の力を整え蓄えるときにある。

11 予測を超えた出来事

起業では、必須の要素として、意外性・斬新性が求められるが、これらは聖書にも見ることができる。

「家を建てる者の退《しりぞ》けた石が、隅の親石となった。これは主の御業《みわざ》、わたしたちの目には驚くべきこと。」（詩編118：22-23）

家を建てる者、すなわち建築の専門家の捨てた石が、その家を支える構造物になる。このような例は、現代においても少なくない。ほとんどのスタッフが反対し、社長の判断で発進した案件が、その後の会社の柱となる事例は多い。また、ノーベル賞研究IPS細胞の作製、応用を推進する山中伸弥が、（日本で）研究費を申請したときに、専門家である審査委員の全員が反対し、審査委員長一人が賛成したという。この委員長の裁断で画期的な研究が世に出ることになる。ここで、反対した専門家委員たちの責任が問われることはなく、また、研究を支持した委員長が称賛されることも稀である。

専門家は各々の領域においては知識、経験があり、事業でも強力な人材となるが、しかし専門外の事項について彼らは、未経験という限界があるにもかかわらず、推測のコメントを発し、ここに負の連鎖がはじまる。このため起業者には、専門家との不必要な関わりに注意することが求められる。

また、斬新なアイデアが得られない、適切な専門家がいないときは、焦らずに待つ、この姿勢も重要な要素となるだろう。（工夫を継続しながら待つということだが）この選択肢を忘れ、妄動する人は少なくない。多くの人が指摘するように、遅々として事業が進行しない状況は少なからず生じる。しかしこの停滞と思える期間は、「無音の声」を聞き「非顕の在」、「不揺の風」を感知する時でもある。

人を労苦から解き放ち、世の不条理を直《ただ》す事業であれば、道は天に通じる。したがって、思い込みや諦めなどの弊害に惑わされることなく、天のシグナルを聞き逃さないことが重要となるだろう。ここにも、人間の予測を超えた事実がある。なにも聞こえない静寂、動きのない停滞のなかにあっても、事業は大きく進行する。

「神の王国は、うかがい得るさまで到来することはない。人々が、見よ、ここだとか、あそこだなどと言うこともない。なぜならば、見よ、神の王国はあなたたちの現実の只中にあるのだ。」（ルカ17：20-21）

岩波書店版・新約聖書の当該箇所注解には、〝一つ一つの現実が、神の王国の活ける「譬《たとえ》」そのものである。それは心の目を開かぬ限り、客観的に「観察」してわかるものではない〃とある。心の目を開き、思考方向を変えることで、世が見捨て見逃したものではあるが、しかし神が義《よ》しとする事象が見えてくる。それは、我々の現実の只中にあるという。

12　問題は解決する

聖書には、難解な記載が多くあり、（よく知られている部分に）何もない荒野で、イエスが4000人分のパンと魚を配る。

「イエスは、7個のパンを取り、感謝して裂いた。そして、彼の弟子たちに渡し、（4000人に）分け与えるようにした。」（マルコ8：6）

また、荒れる大海において水上を歩き、弟子たちが操縦に苦心する舟に乗り込んだ。

「イエスは水上をあゆみながら彼ら（弟子）のところにやって来た。そこで、彼が水の上を歩んでいるのを見た弟子たちは、動転して言った。妖怪だ。そして恐怖のあまり

叫んだ。しかし、イエスはすぐに彼らに語りかけて言った、しっかりせよ、私だ、恐れるな。」（マタイ14：25－27）

荒野における大量のパンと魚の配布については、人々が持ち寄った食材を集めたところ、4000人の分量になったという解釈もなされる。事実、このような出来事は近年にもあった。1969年米国ウッドストックのロックフェスティバルに、約40万人が集まり食料が尽きる。消費量が予測を超え、供給体制が整わなかったのだ。そのとき、地域の住民が、あらゆる、ほとんどすべての手持ちの食糧を提供し、会場の若者たちはこれらを分け合ったという。加えてフェスティバルの3日間、大麻の保持使用という報道はあるが、悪意による行動・暴力等はなかったと近隣、地区の住民は述べている。

しかし、聖書自体にこのような記述はない。数片のパン・魚を4000人分の量に増やしたとある。また、イエスが（重力に抗して）水上を歩いたとも記す。

確かに、我々人間の知識・知見の程度は知れたものであり、宇宙・自然の摂理の僅《わず》かな部分を解明したにすぎない。1パーセント以下という説もある。このため、人間の未熟を隠しておいて、理解を超えたイエスの言動を否定することは、適切ではないかもしれない。

なお、反重力現象は、関連科学会の大半が否定しているものの、ＵＦＯなどの浮遊物体の情報は多い。内田樹は〝街中で突然にＵＦＯに遭遇した〟（修行論、光文社）と記している。また、米国議会公聴会でも数百人の目撃証言が記録され、そして、ヨガ修行者の空中浮遊の報告も少なくない。これら多くの人の発言はほぼ共通しているので、一様に虚言を用意したとは思い難いところだろう。また、観る機会を持つ人とない人とがあるようで、加えて、見ても公にし（たく）ない心情も人にはある。内田は、通りかかった婦人に空を指し示したが下をむいて歩き去った、そして、その後の新聞を調べても、該当する記事はなかったと書いている。

オカルト的思考には注意しながらも、このような事象に対して、真に在るのであれば（すなわち事実として正しければ）、理解しようとする態度が必要となるように思う。また、意味の分からない事柄は無いと処理する性癖の人に対しては、傲慢の誹《そし》りが付加されるのかもしれない。

同時に、比喩的論述と解することでも、起業・事業を進める人たちにとって、この聖書にある出来事は他人事にはならないかもしれない。荒野での何もない状況、そして、援けが期待できない水上で嵐に遭遇する事態は、事業を始めたときの世・市場の無反応、さらに困難のなか、依り頼むものが無い場面に類似する。ここで〝山は動く（マルコ11：23）〟の喩《たとえ》もあるように、思いがけなく得る援けは、過去に置いた石、見返りを求めずに人を支えたこと等と繋がる場合があり、一方、覚えのないところから発することもある。

起業では、外《はず》れた道に注意すれば、大半の危機を回避し、困難をやりすごすことができる。しかし、予想外の問題に対峙しなければならない場合もあり、そのときに課題は解決するという「信頼」が重要になるだろう。

神に依存する、すなわち己を離れた状態においては、事態を冷静に俯瞰する体勢が整い、可能・不可能といった、結果へのこだわりや不安・恐れがなくなる。そして、突破口しかも一つではない出口を見ることになる。

第二章　矛盾を衝く

1　実態をみる

世間の嘘の1つに、「一概には言えない」「そう単純ではない」という言葉がある。確かに社会の仕組みに、複雑な事例は多い。しかし、ここでの問題は、この言葉を使う人の意図にある。自分の考えや正体を隠す人は、物事を難しく語り、煩雑な仕組みを描き、それらを世に現す。

この煩雑・複雑性の裏には、少なからずの不透明、非開示性の弊害が存在する。車両の修理費用、ガソリン価格、投資信託、住宅建築費等、思い当たる事例は多い。

一方、まともな道の論理は、概して明快といえるだろう。例えば、〝自由への前進〟といった簡潔な表現となる。世の表層では悪がはびこっていても、底流では不自由からの脱却、すなわち隠蔽《いんぺい》、疾病、環境汚染、家計貧困などに由来する不安・束縛からの解放が進んでいるからである。起業においても、道義性を確保し、商品・利便の全容を提示することが成果への一歩となる。

加えて、弱肉強食のような世間では優勢であるが、実態にそぐわない概念についても、見極めることが重要だろう。

「もし誇らねばならないとするなら、私の弱さゆえのことがらを、私は誇ろう。」（コリント(II)11：30）

この言葉は、強者が切磋琢磨するビジネス界には馴染み難《にく》い内容かもしれない。しかし強者は、実は虚像であることが多い。昔の武士等権力者は、剛腕、強勢であることを誇ったであろうが、実際には、たとえ戦国時代でも、大多数は農工商に従事する弱いとされる人々で構成され、彼らによって日常の仕組みが動いていた。事実、これらの人たちがかかわる流通量と収益は、武士のそれよりもはるかに大きい。そして、一時代には闊歩《かっぽ》した武士たちの結末は誇れるものではないし、彼らに取り入った幾多の商人も没落している。起業の目標設定においても、このような実態から乖離《かいり》したコンセプトは、当然、事業の柱にはならないだろう。

この世の仕組みの実体を見据える作業は、事業の特徴を提示するうえでの近道となる。

人々の健康を増進し、疾病を減らす方策を実行して、医療費削減に成功した地域は、この一例といえる。ここでは日常食品の内容検討、飲酒習慣の是正、老化防止策等、生活の質(quality of life)向上が図られ、結果として新たなビジネスが生まれている。医者通い、温泉につかるだけが長寿の方法ではないであろう。

また、家畜生産において、疾病の増加で農家収入が減少し、一方、治療・薬剤関係者が増収益となる現状は、当然、農業の本来の目的にはそぐわない。

家畜飼育現場での抗生物質の日常的使用では、動物の免疫が低下し、そして何よりも、現在の疾病の8割を占めるウイルス病の増加する実態に行き当たる。鳥インフルエンザの高頻度の発症も、毎日投与される抗生物質が引き金となっている。事実、治療用に一時的に使用するのみで、家畜の餌に抗生剤を添加する飼育方法を禁止したEUでは、かえって疾病の発生数が減少し、米国もEUに追随して抗生剤の日常的使用を禁止した。

起業では、このような既存業態の矛盾を明らかにし、その解決策を提示・実行することでも成果を得ることになる。世の弊害が本質を覆《おお》い隠す現状があっても、この状況に戸惑う必要はない。こういう状態だからこそ本物の出番といえるからだ。どのような障壁があっても、人々の暮らしの向上と自由獲得を目標にした事業であれば、市場は用意される。

2　不条理はチャンス

起業においては、自社製品の優位性を強調（自慢）する感情が強くなる。しかし、他社産品の長所を大切にしないのであれば、自分たちのものも評価してはもらえない。

「他人のものについて忠実でなければ、だれがあなたがたのものを与えてくれるだろうか。」（ルカ16：12）

学校でも、褒める習慣が十分に機能しているとは言えないようだ。会社を経営する私の友人が賞を受けることになり、彼の小学生の子供が受賞式に出席するため、早退の許可をもらいに行った。ところが、教師は無言で対応したという。普段は休まない真面目な子で、先生には、お父さんすごいねという一言を期待し、そしてクラスでも話してほしかったようだが、がっかりしたという。西欧では、生徒が良い行いをしたり、祝うべきことが生じると、教師が主導し皆が褒める。すごい人、非日常への賞賛によって、次は自分だという雰囲気が醸成されるからだろう。一方、日本では、上記のような教師は少ないとしても、(スポーツ大会優勝等とは異なる)特徴のある出来事について人を褒め、生徒にも参加してもらう、その効果が周知されていないように思う。

加えて、小事を軽視する傾向がある。自分にとっては些細なことと思えても、他人には重要なことかもしれない。軽い約束事、例えば今度食事をしましょうと言われることは多いが、実現することはまずない。言われた人は、いつになるのかと考えるかもしれないのだ。

そして、小事とは言えないが、事業に成功する人・しない人の違いの要因(の一つ)は、他社の発展を願い祈る、一方その失敗を喜ぶ、この心の様相にあると言えるかもしれない。心の声は本人の最も近い位置にあり、したがって短い時間で最初に、発する本人に伝わる。こうして声は、自分の身に刻まれるのであろう。

また一見、対戦相手が利するような(変な?)行為も、自軍の得点に繋がる、このような事例はスポーツに見られ、事業にもあるだろう。コートのライン上に落ちたボールを、(セーフではあるが)審判員がアウトと判定した場合、セーフであることを申告する。ここで、ポイントは相手に付加されるが、観客の支持が得られ、またかえって審判員も信頼するという。そして試合が伯仲した際には、この状況が有利な要素となる。審判や観衆は、天に通じるフェアプレー（誠実、grace）に共感し、そして当該プレーヤーは、運も味方にするのかもしれない。

そして、この（ように）世間で少なからず発生する、いい加減な状況や矛盾をチャンスと捉え、利用することは有効な方策と言える。人の長所を、（ありきたりの言葉ではなく）具体的に指摘して褒める。ライバル社の成功・発展を祈る。数分の遅れも伝える。仕入れ品等の支払いは早期に行う。加えて、軽い口約束も実行する。当然の行為だが、相手は少しばかり驚く。

ここで、あなたの味方が（格段に）増すことになるだろう。この配慮で、仕事の捗《はかど》ることも実感できる。競合者との商戦に向け奮励努力する場合もあるが、一方で、小事に対応する変わった人であることも、戦いの一と言える。

3　無駄な選択、本物の決定

勝ち続ける賭博師が晩年になったときに、弟子が尋ねた。〝どのようにしたらいつも勝てるのですか〟。賭博師は答えた。〝勝っている人と同じ手を張った〟。勝つ人と同じ手を選ぶ、この方策を採る経営者は多く、(縁故や利害にかかわらず) 運の良い人を登用することからも、その実態がわかる。しかし現実には、勝てる人の意外に少ない状況があるため、しばしば、この賭博師の話を逆方向に使わなければならないことになる。すなわち、勝てない人の逆を行くことだ。

人の多くは、勝てる雰囲気をあらわそうと努める。しかし、勝てない人は、苦境の兆しをみたり、最終的判断を迫られた際に、概して自己保身にはしる。新語や先駆的理論を述べはするが、その武器は常識論であり、因習的制度 (権力) である。この時、人の保身策に惑わない、そして逆の方向を採る、この胆力が必要になるのだろう。

「容姿や背の高さに目を向けるな。わたしはこのような者を退ける。人間が見るようには見ない。人は目に映ることを見るが、主は心によって見る。」(サムエル(上)16:7)

預言者サムエルは、当初、容姿に優れ、風格のある (王の長子) エリアブを次の王に任命しようとするが、神が反対の意を伝える。そこで、羊の世話をする末子のダビデを後継者に選んだ。

人は、権威のある組織や大企業に所属する人の支持を得れば、世の中が渡りやすくなると考えがちだが、これは外面のみからの判断であろう。大組織では、人付き合いが良い、あるいは角《かど》が立たない等の理由でポストを得る人は意外に多い。こういう人が賭場で勝つことは難しいかもしれない。逆に、(組織内で) 煙たがれてはいるが、単刀直入に所見を述べるような人からは、(衝動的、短絡的な言動には用心を要するものの)、有用な情報・方針の得られることが多い。

上記の聖書においては、外観のすぐれたエリアブは虚構であり、一方、羊の世話をするダビデを本物としている。エリアブは、王の長子としての威容があり、戦術や知能に優れていると記され、稀代の預言者サムエルも一時は認めた者である。一方、ダビデは、王の末子とはいえ、羊の世話に従事していた。私たちは、この選択の試験に合格することができるだろうか。往々にして、エリアブを選ぶのではないだろうか。

神のこの選択の正しさは、戦場で、敵側の巨人ゴリアトが一対一の決闘を申し出たときに証明される。ゴリアトに対しては、自陣営の将兵は皆恐れ、戦いを志願する者はいなかった。そこで、まだ (王になる前で) 末席にいたダビデが進み出て、石粒を持ってゴリアトを倒してしまう（サムエル㊤17：48-50）。彼は、羊の番をする際に、襲ってくる熊・狼を石粒や杖で撃退していたのである。すなわち、このような緊迫した状況において、選択の差異が露《あら》わになる。ダビデは、有事に適応する力を持った人材と言える。起業家には、特に、本物と虚構とを見分ける技量が問われる。

4　大樹の陰は幻想

志の実現のため、孤独のなかで事業を進める人でも、大樹への依存姿勢をあらわす事例は少なくない。

実績のある㈱林原の倒産時の資産は、借入金を上回っていたという。事実、負債の90パーセント以上を債権者に弁済している。粉飾決算という過失・負い目の立場にはあったが、会計の実態だけで考えると違和感は否めず、倒産への銀行主導のプロセスが示唆されている（林原靖、破綻、WAC）。このような対人・対組織依存の危険性は、起業を志す人にとっても重要な認識項目の1つといえる。

資産家や大企業の役員そして有名人に会った際に、心の和《なご》むような感覚をもつことがある。資金力や権威のある人と対面して、このような安心感を覚える理由は、頼れる存在に見えるからであるが、しかし、彼、彼女たちの多くは、起業家に対して上位者思考の姿勢を示す。

M&A（合併、買収）においても、資産内容や事業実績、そして将来性などが劣る場合には、当然不利な立場での交渉となる。このため、自ら良好な経営の維持につとめ、相手が大企業であっても、あくまでも対等あるいは優位となる立場を築かなければならない。大きな相手に依存するという、一見楽で広い道を選ぶのではなく、苦しくても、神の存在を思い、自分たちのブランドを向上させる道を進むことだ。

「われらは、神により生き、また動き、在ることができる。」（使徒言行録17：28）

聖書は言う。人は、誰でも、他人によってその存在を脅かされることはない。たとえ、世界で自由を奪われた人々がいるからといっても、歴史は、人を束縛から解放する方向に進展している。

こうして、大樹に依存しない姿勢を維持すると、小さいながら独立して事業を進める、中小規模の経営者の誠実な言動を理解するようになる。そして少量の注文を大切にする経営体制を推進することになる。なによりも、商品を理解し、買ってくださる小口注文のお客からこそ、評判が広まるからである。事実、大企業からの大型注文には、心踊る気持ちになるが、値引き要求や突然の契約打切り等の事例は少なからず起きる。

「神に依り頼めば恐れはありません。人間がわたしに何をなしえましょう。」（詩編56：12）

大樹の陰によらない人（出る杭《くい》）は、いつの時代でも打たれることが多い。このため、人々は、権威からの離脱に不安を覚えるようになる。しかしこれからは、人に追従しない、模倣に走らない、変な人の方がいいといえる。彼らは、恐れないということではないが、恐れを起動力に替えてしまう。前進する動機とする。

実際に、もし恐れて迎合したり、逃げた場合には、概して事態が悪くなる。空手、剣道において、姑息な手段を使ったり退却すれば、相手の攻撃チャンスが増し、かつ自分の隙がひろがる。このため、（正しい）間合いを保つことが必須要素だという。恐れは自然感情ではあるが、そのうえで〝神のもと、人が自分に何をなしえよう〟と自らに問いかける。

ここにおいて我々は、前進することになる。

5　うわべの利益

起業当初には、特に利益確保の欲求が強くなるため、他企業との商談等に際して、その目的や特徴（本性）を見誤ることが少なくない。また、相手側も種々の誘惑策を提示してくる。

誘惑の多くは、利益を供与するところから始まる。受ける側は当初の利便を得るが、しかし、その後に種々の制約を受けることになりかねず、時には当初の供与も霧散する。

私たちの（起業）会社に対しても、大阪の一部上場企業がベンチャーキャピタル（VC）を通して出資を申し出てきた。我々は、いくつかの実績を組み合わせることによって独自のアイデアを構築していたので、相手企業も、交渉時にはじめてその内容を知ることになった。しかし当該社は、出資契約書の締結前に、交渉時の話題・知見を基にして単独特許を申請してしまった。この事態には、さすがに仲介したVCも驚いたようで、ここに相手側の態度豹変《ひょうへん》の様相を見ることができる。加えて、出資契約も成立しなかった。現在、このような事例は多くあり、経済産業省が抑止ガイドラインを作成するほどである。

一方、単独特許申請を行った上記企業の社員たちは、どこまでも平然とした態度のなかにも心の動揺は隠せず、会議中やその後に〝どの会社もやっていることだ〟、〝会社で後ろから撃たれると思うことがある〟と呟《つぶや》く。やがてこの発言が公になり、また、議事録の改竄や、特許発明者に該当者名を記載しない不正も明るみにでることになった。このような場合、会社は社員を擁護しないことが多い。不祥事が発覚した際には、まずそのイメージを守ろうとするからだろう。

聖書のなかでも、悪がイエスを誘う場面がある。豊かな国々を見渡す山上に彼を連れ出し、もし悪を拝するならば、これらの繁栄をすべて与えると告げる。そこでイエスは次のように応え、悪は離れ去ったという。


「あなたの神である主を拝み、ただ主に仕えよ。」（マタイ4：10）

イエスは、この試みを受ける前に40日間にわたる断食修行を行い、体力が衰え、誘惑に弱くなっていた可能性がある。そこを悪が狙ったのかもしれない。しかし、これらの利益を手にしたとしても、それは一時的なことであったろう。現在、22億の人々を魅了するイエスから見れば、この誘惑などはとるに足りないものと言える。

同様に起業する人は、目先の利益よりも数段大きな収穫の訪れに留意すべきではないだろうか。利益獲得は重要な項目ではあるが、そのために自分自身の依って立つ位置を誤れば、事業そのものがなくなることになりかねない。特に、起業当初の困難な時期は、誘いに陥りやすいと言える。

「各自が自分の欲望によって引きずり出され、誘い出されて、試みられているのである。」(ヤコブ1：14)

儲け話が提案され心が動くときに、受け入れる前に立ち止まり、これは天から下された試験だと考える。さらに、浮き立つ心、惑う心がないか、自分の想いを点検することで、冷静な案件の検討が行えるように思う。また、多額の契約が成立しても、主に感謝するのみで、自慢することもなくなることだろう。

他の事例では、私たちの会社は、1部上場の材料メーカーA社と事業提携契約を結んだが、その後A社より、微生物の培養法について改良発明特許の申請を行う旨の通知があった。私たちの会社を排除し、独占的権利を取得するとした内容で、この通告に我々はたいへんに驚いた。しかしそのときは、私たちからの技術供与の証拠文章があったため、相手は申請を一時は断念した。

「すべて良い木は良い実を結び、悪い木は悪い実を結ぶ。良い木が悪い実を結ぶことはなく、また、悪い木が良い実を結ぶこともできない。」（マタイ7：17-18）

しかし、その後もA社は、この特許申請が利益増大のために必要であり、結果として我が社へのコミッションも増すとの発言を繰り返し、時には威圧的態度で受諾を求めてきたが、私たちは、甘言や威嚇といった上辺《うわべ》の事象に惑わされることなく、相手が良い木であるかを見極め、木がどのような結果すなわち実をつくるのか、その点に留意した。こうして膠着状態のなかで、起案したA社の社員たちが辞職あるいは配置換えとなり、特許申請計画は暫時立ち消えとなった。

道義性に問題のある組織は、社員の相互信頼度が低いとされており、部下を物品のように捨てる悪習が内在する。しかしこの状況は同時に、はずれた道を歩まない、まともな人たちが注目され表舞台に登場する、その場面をも映し出している。

6　成果は与えられる

前項で、大手会社と協業した際の、幾つかの出来事について記したが、その後ある企業から、新製品の開発・発売の提案があり、先のベンチャーキャピタル（VC）の提示額を上回る条件が整うことになった。VCは株式10パーセントの譲渡を条件としていたが、少ない割合（額）とはいえ、キャピタルによる統制・束縛の試行は否定できないところだろう。永守重信（日本電産会長）は言う。起業当初のVCからの出資には魅力を覚えるところだ。しかし、このような資金は、事業が軌道にのり経営体制もととのって、さらなる拡大時には有用であるが、起業の脆弱基盤にある時期では控えるべきだ（永守流経営とお金の原則、日経新聞出版）。

そして復讐以上の褒賞は、世の誘いに惑うことなく、静かに誠実に経営を推進することで与えられるのだろう。加えて神が義《よし》とすれば、事業はさらに進展する。

紀元前500年代、滅亡したユダ王国の民ネヘミアは、バビロン捕囚から解放された時に、破壊されたエルサレムの防御壁を再建する。周囲の敵は嘲笑い威嚇し、そして工事を妨害した。また、占領者の代理として、イスラエルを統治し私利を得ていた（被占領民の）貴族・役人は工事に参加しなかった。この状況で、イスラエルの人々の半数が工事に、残りが防衛に従事することで、城壁は完成した。

「わたしたちのすべての敵がそれを聞くに及んで、わたしたちの周囲にいる諸国の民も皆、恐れを抱き、自らの目に大いに面目を失った。わたしたちの神の助けによって、この工事がなされたのだということを悟ったからである。」（ネヘミヤ6：16）

現代社会においても、復讐・仕返しの概念は根強くあり、映画での売れ筋テーマとなる。聖書も、（報復の場面が少なからず登場するように）仕返しを否定してはいない。しかし、「復讐はわたしのすること、わたしが報復すると主は言われる。」（ローマ12：19）とあるように、その前に、私（神）のことを考えているか、私を大切に思っているのかと尋ねる。この尋問を突きつけられた時に、悪・敵対者への怒りに我を忘れ、重要事項をおざなりにする己の姿が浮かび上がる。人間の生来の性状において、一種の快楽であることは否定できないが、復讐・憎しみは自分のなすべきこと、ミッションの内容・進展を低俗化（減速）させ、向上心の鈍《にぶ》る事態を引き起こす。

なお聖書は、右の頰を打たれたら左を差しだせ、訴訟において下着を奪《と》るものには上着も与えよ、1ミリオンの（荷物運搬の）強制には2ミリオンを行け（マタイ5：39－41）と記しているが、これらは、侮辱行為に反応するな、上辺のものに拘らず本質を衝きなさいと解釈される。そして、強制労働をふくむこれらの行為は、律法違反になり、事態の拡大は抑圧者の不正の露見に繫がる（ウォルター・ウィンク、イエスと非暴力：第三の道、新教出版より一部を参照した）。このように上記の語句は、攻撃的な非暴力抵抗行動を内容としていて、復讐（の否定）とは異なる意味合いを表す。

また「汝の敵を愛せ。」（マタイ5：44）について、田川健三は、従来の主張とは異なる解釈をする。敵を重視し、その本質をよく知りなさいと言う（イエスという男、作品社）。

ユダヤ教の祭司（事実上の統治役人）は、（全てではないが）仮想の敵（汚れた物・者等）を指定し、浄化の儀式を通して、実は利得を自己に誘導していた。現代でも外敵を設定して、国内世論を操る政権は少なくない。戦時中に鬼畜米英の標語が用いられたが、米英国民の全員が敵なのだろうか、本当の悪は他にあるのではないか。

聖書表現にも問題がある。ギリシャ語原典からの英訳を対象原本とした明治時代の作業の影響が残るのか、現在の日本語訳でも愛を多用する。しかし一方では、〃大切〃(の語彙)を選択する人も少なくない。ここに、イエスは、敵とされた者を尊重し、本質を見極め、悪の核心を明らかにするようにと説いたと言えるように思う。

加えて聖書は、数《かぞ》えるなと言う。

「民を数えたことはダビデの心に呵責《かしゃく》となった。ダビデは主にいった。わたしは重い罪を犯しました。主よ、どうか僕《しもべ》の悪をお見逃しください。大変に愚かなことをしました。」(サムエル(下)24:10)

数をしらべたことが失敗ではない。ダビデは、兵数を揃えたことで、兵力が確保できると考えた。ここに落とし穴がある。戦場で、兵が多くても形勢が劣ると、雪崩のように敗走する事例は非常に多い。

事業でも、資金額・社員数は大切な項目であるが、当然、その内容・質が重要となる。

起業当初に、会社の都合、世への見栄え等のために、（社員数や事務用具・機器を揃える等の）形式を並べることほど愚かなことはないであろう。ジェフ・ベゾスも言う、尊敬する人を採用する。

日本の人口調査は、60歳以上が数十パーセントであると報告するが、その背景には、老年層が増加すると労働力が減少するとした危惧がある。しかし労働の力と質は、人数や年齢と比例しない。多くの年配者が、社会貢献に邁《まい》進している。

また、資金を数《かぞ》える、すなわち額を当てにする心境も、将来の発展・向上を阻害する事態に繋がりかねない。実際、事業家の多くは、過去の実績に依存せず、内部留保があっても銀行等から借入する。現金には、次の投資を円滑にする等といった優利な側面はあるものの、借入金返済義務の危機感を社員と共有する、この状態のほうがより意味があると考える。

加えて、多くの社員を投入して作成する利益計画書よりも、いかに確かな基準のもとで運に恵まれるか、この留意においても成果の源泉が備わる。

「財宝を多く持って恐怖のうちにあるよりは、乏しくても主を畏れる方がよい。肥え

た牛を食べて憎み合うよりは、青菜の食事で互いを大切にする方がよい。」（箴言15：16-17）

財宝を持つなと言うのではない、主を畏れよ、すなわち本当の楽しみを得よと説く。利を追うよりも顧客を大切にする、蓄財よりも分け与える心を育てる、長期展望の下に目先の勝ち負けにこだわらない、この方が結局は豊かな人生に至る。

神は、楽しみを是とする存在であり、苦しみに導く否定の主ではない。そして、与えた時、他社の成功を祈った際に得る心の平和、喜びに気付き、真の幸いを知れと説く。

多くの人が行き交う（短期的思考の）場では、互いが牽制し合う。そして豪華な食事や生活は、何故か人の心を冷淡にし、健康にも悪い。防腐剤入りの高級ワインに熱中し、肝臓を害することになる。実際フランスでは、ノンアルコール、無添加ワインの売り上げが急増している。数十万円を（財布に）携帯しなくても、クレジットカード、スマホの支払ソフトを使用しなくても、その日の食事代があれば十分なはずだ。

険しい或いは節制の道も、心静かにして主により頼み、焦らず急がずに歩めば、いつの間にか広いなだらかな場《ところ》に出会う。こうして、当初の困難・試練は、平和な世界（に至る道）の入り口だと知ることになる。

7　とりもどさない

事業で損失等が出た際に、取り返そうとすると、挽回できないばかりか、さらに負債の増す状況に陥りかねない。取り戻すという気持ちのなかで、失敗要因と敗者気分を引きずり保持するからだろう。そしてこの状況は、サンクコスト効果（損失、不良投資等を取り戻そうとする心理）としても知られている。ここでの方策は、反省点の整理作業の後、今を新たなスタート地点に設定して、顧客への対応強化、製品の開発、市場の開拓などに集中することだと言える。その結果、過去（のいきさつ）から解放されて、自由な発想や新たな行動が生まれ、気付いてみると赤字額を上回る余剰を得ることになる。

日常生活でも、取り戻そうと思う場面が多くある。夫や妻の態度や言葉がきつくなるような時には、気遣いがあっただの、従順だっただのと昔を回顧し、当時に戻そうと考えてしまう。しかし、その状況では、互いに相手を非難することにもなりかねない。かえって、今これから何をなすべきかを選択したほうが、結果的にはよりよくなると言える。

子供についても、いつまでも親にとって扱いやすい存在であるとはかぎらない。個性が現れ、粗雑な言動の多くなる時期が訪れるわけで、ここで昔のおとなしい、親の言うことを聞く子に戻そうとするのではなく、その個性を、より大きな目標に向かわせる起点にした方が有効だろう。

「未熟な者は何事も信じこむ。熟慮ある人は行く道を見分けようとする。」（箴言14：15）

確証バイアス（思い込み・結論を優先して、その保証資料・意見を集める状況）に陥ることなく、今から新たに始めるとした思考は、視線を上げ、少し遠くを見るプロセス、より広い範囲を眺める姿勢と言い換えることができる。この聖書の言葉にあるように、我々は、つい目先の事柄にこだわり、これらがすべてのように思い（信じ）こんでしまう。一方ここで、全体を見るようにすれば、自分の立つ位置がわかり、柔軟な対応も可能になるだろう。

乗馬で背筋を伸ばして視線を遠くに移すと、重心が後方に移るため、急な動きに対応しやすくなる。そして落馬も少なくなるという。逆に恐れから、姿勢を前のめりにして、近くの地面を見ると、馬が急停止したときに人は前方に落ちる。怖くても遠くを見ることで、かえって危険への対処ができる。また、姿勢を整え全体を見渡すと、直下の障害物についても速やかに気付く。例え野鳥やヘビが飛び出し、馬があわてても、自分が驚くことは少ない。全体を俯瞰する効果が、ここにあらわれる。

8　問題解決の時期

会社や組織において、改革は不断に行うべき方針となるが、一方、この施策と、生じるであろう混乱に反対する、抵抗勢力の存在も日常的光景といえる。しかし、この抵抗には、プラスの側面がある。彼らのお陰で、変革を推進する者は、理論武装を重ねることになるからだ。

「毒麦を抜き集めるとき、それらと一緒に良い麦を引き抜いてしまうかもしれない。刈り入れまで双方とも一緒に成長させせよ。」（マタイ13：29－30）

この話は、農場従業員が畑に良い麦の種を蒔《ま》いた際に、敵対する側が、従業員が眠っている間に、毒麦を蒔き加えて去ったという事態から始まる。そこで気付いた彼らが、毒麦の芽を抜き取ろうとしたとき、農場主が上記の言葉を伝えた。その後、刈り入れの時期になり、最初に毒麦を抜き集めて焼き、良い麦は倉におさめたという。

組織改革においても、同様に、抵抗グループを排除する作業に重点を置くよりは、まず良い麦であるコアグループを育てることに集中した方が、よりよい結果につながると言える。加えて、その間に、抵抗グループが立ち返って、戦力に加わることのできるよう、時間的余裕を与えることもできる。毒麦の場合のように、集めて焼く必要がなくなることだろう。

社会的矛盾についても、聖書のこの言葉を参照するのであれば、性急な解決策には注意すべきだろう。迅速な対応を必要とする案件はあるものの、急いで対処する人たちは、概して継続性に欠け、非人道的方策等に走る傾向をあらわす。急がないということは、何もしないということではない。忍耐のなかで一歩を進め、毒麦があるなかでも良い麦を育てる作業をいう。

また事業において、誤った人に関わりすぎない、その責任を追いすぎないことでも、方向を間違える危険度が大幅に減少する。悪い麦に拘泥《こうでい》しないことで、（よい麦という）本質がより明確に見えるからだ。

加えて、この聖書の言葉は、拙速に大きな成果を求める心理状態への警告と解釈することもできるだろう。当初は、急がず、焦らず、大事を求めずに、小さな業績を積むことだ。1ポイントずつの得点である。そして加速度が増すことで、期せずして大きな結果を得ることになる。その方が結局は、大プロジェクトであっても、より早く完成させることになるであろう。急ぐ心に支配されず、良い麦を育てる作業と言うことができる。

第二章　世間の応答

1　市場の反応

事業のなかで干渉や妨害といった逆風は、概して意図的なものとして理解できるが、非意図的な場合は、しばしば対策に苦しむことになる。

この（非意図的な）逆風は、特異な新商品等を販売するときにも現れる。発明者、制作者は、当事者として自らの製品に熱い思いを持つため、市場に対しても同じような、そして即時的な応答を求めてしまう。しかし、実際には、長短の違いはあっても、無反応の時間が続くことになる。例えば、自動車が売り出されて一般に使用されるまでには20年近くの時間を要した。高価であったことも理由にあるが、なによりも人々は移動に数百年間慣れ親しんだ馬車を使用していたわけで、そこから自動車に移行するには相応の適応期間を必要としたのであろう。

現代は、情報ネットワークが効果的に働くため、このような長期間の停滞はなくなりつつあるが、それでもしばらくの無反応の時間が現れる。リチウム電池の開発でノーベル化学賞（2019年度）を得た吉野彰は、〝売れない時期が3年くらいありました。真綿で首を絞められるような苦しみじゃないでしょうか〟と述べている。

この無反応は、世が冷淡というわけではなく、市場・人の特性、そして製品周知の成熟時間と言い換えることができるが、しかしそうであっても、起業家・開発に携わった人にとっては、いつまでも続くかのような意気のあがらない期間となる。実際、少なからずの人が、この時期に落胆、諦めの境地に入り込む。

そして、世の無反応の次に、軽視、嘲笑があらわれる。新規の製品は脆弱な立場にあるからで、また、その後に無視の反応が訪れる。特に、（品質・機能の劣る）同類の商品が出回る領域では、当然といった態度で無視される。

「わたしたちは、四方から苦しめられてもいき詰まらず、途方に暮れても失望せず、虐げられても見捨てられず、打ち倒されても滅ぼされない。」（コリント(Ⅱ)4：8－9）

事業では、苦しめられ、見捨てられ、倒されても、逃げずにその場に居続けることが大切だろう。今の場所に立ち尽くすだけでよいといえる。袋小路に入ったように思うと、脳は退けと誘ってくるが、これに拘《かか》わることのない行動に、得るところが多くある。

そして、この逆風の中で取得する情感の1つに、人への優《やさ》しさもある。順風のときには少なかったこの心情が前面に出る。ここで、顧客優先の志向が、本物へと変貌することになる。力ずくでも売るという、今の方法が変わる。顧客の、実は、お金を使いたくないという心理を理解する。

通販のアマゾン（Amazon）は、感情交流の少ないとされるインターネット販売に、十分とはいえないかもしれないが、この優しさを導入した。クレーム・質問への対話的応答、豊富な選択肢、低価格、悪評価の掲示、迅速な配送、送料無しでの返品可等を実施している。米国社会の中核概念といえる消費誘導の商法はあるものの、顧客の心をつかもうと志向する。

そして、（自分たちの）事業に変化のシグナルが現れる。例えば、市場の沈黙、無反応の時が続くなかで、これまで何の応答も示さなかった人や企業が説明を求めて訪れる。沈黙が無音の声と気付く場面の出現である。

この優しさを得るためには、好んで逆境にある必要はないと思う。なぜならば、変化を求め、挑戦することで、逆風が多かれ少なかれ向かってくるからだ。一方、変革を怖れる人、避ける人からは、これまでの（みせかけの）慈しみの心も、失われることになるのかもしれない。

2　評価のでるところ

事業や自分への評判・評価については、どこからどのように伝わるのか、予測できない部分が多くある。黒船効果のように遠距離から発して近くに及ぶ場合もあり、つながりの稀薄な場所から、あるいは、昔の布石や長い忘却の期間からの訪れということもある。

外国車のトップセールスマンは言う。〝車の話はしません。お客の相談に応え、手助けをしているだけです〞。他の一人は、〝買える雰囲気ではない若い人が見にきたときに、丁寧に対応しました。そして、この人たちがある年齢になって購入するようになり、今の自分があります〞。この例は、顧客の要望達成と長期的視点での対応が、どのような段階においても、事業の成功要因の1つであることを示している。

そして、自分や自社製品が評価されたいと欲する場合には、あなたが話しかける相手も、同じように評価を求める人間であることを認めなければならないだろう。相手やその商品の長所を〝より具体的に〟指摘することだ。お世辞を言い、虚栄心をくすぐるといったことではなく、また、良いとか素晴らしいという抽象的なきまり文句を言うことでもない。こうして、人は自分が承認されたと考える。

パーティー等でも、商談の思惑をもって近づくと、人は簡単に見破り、逃げ腰となる。ここでも、自分のことよりも相手の立ち位置にあって、その思考の流れを聞き、当人の世界観に近づくという対応が求められる。そこでもし、相手からどのような仕事かなどの質問があったときに、自分のことを話す機会が生まれることになるだろう。

「神の国は次のようなものである。人が土に種を蒔いて、夜昼、寝起きしているうちに、種は芽を出して成長するが、どうしてそうなるか、その人は知らない。」（マルコ4：26-27）

神の国とは死んだ後の天国ではなく、新しい考え方・行動によって出現する現世界を表す。

人は誰でも、種を蒔いた後にどうなるかと心配はするが、土を掘り返して死なせるようなことはしない。しかし、実際に少なからずの人は、商品の説明をする際に、相手が吟味し考えるといった余裕を与えずに、さらに売り込みをかけるような行動をとる。土の中で種が変化すると同様に、顧客の考えも醸成されるのであって、この期間は売り込み以上に大切と言える。そして自己の進化についても、このプロセスへの留意が重要と言えるのではないだろうか。

また、聖書は次のように言う。

「人は天より与えられないかぎり、なに一つ自分のものにすることはできない。」（ヨハネ3：27）

外れた道からは、得るものは少ないし、あるいはないと言える。世の評価・評判に拘泥すれば、目的獲得意識ばかりが強くなって、プロセスへの注力が散漫となる。今ここへの集中度が低下すれば、成果を得ることは難しい。聖書は、（表面的ではない）本当の評価は、天から与えられると説く。実際、前述の自動車販売やパーティーでの対応にみられるプロセスにあれば、評価そして結果は考えなくてもよいことになるのだろう。

3　中傷を受けたとき

事業・経営内容への非難・批判に対しては、真剣に対処しなければならないが、私的なあるいは理由のない誹謗等について、聖書は次のように言う。

「ほうっておきなさい。彼に呪わせなさい。主が彼に命じられたのだから。主は、今日の彼の呪いに変えて、私に幸せを報いてくださるだろう。」（サムエル(下)16：11-12）

中傷を受けて言い返したいとき、受けた罵《ののし》りを数倍にして投げつけたいと思うとき、聖書は応答するなと説く。実は、この誹謗、そしりによって、あなたの賞賛が増すことになる、そのために、天が彼（中傷する者）をして呪わせているのだと言う。

中傷等は、あなたの評価を低めようとして迫ってくるわけだが、価値はあなた自身のものであり、反応しなければ繋《つな》がりのない事柄となる。聖書は、かえって、中傷、誹謗、屈辱は約束された賞賛に至る序曲だと言う。

中傷する人の目的の大半は、他を貶《おとし》めることで、己の劣性を覆い隠すところにある。他を卑下することで自分が変化向上すると思ってしまう。しかし聖書は逆だと説く。中傷を受けた者が恩恵を受けると言う。

学生時代、学内でストライキの是非をめぐる対立があり、友人が逃げる他の学生に手を出したという噂が流れた。友人は劣勢の改革グループにいたため、多数をしめる穏健派の作り話はすぐに広まった。そのとき、彼は車を借りて学外に出ていたため、現場不在の証明はできたが、弁解しなかった。釈明を必要とする場合もあるだろうが、その中でも、中傷のレベルに自分を置かない。この訓練ができれば幸運といえる。

そして、内村鑑三は言う。〝悪を知る必要はない。社会研究と称して悪事の研究に従事して、自身悪しきものとなったためしははなはだ多い〟。この言葉は、次の箴言についての解説の一部である（内村鑑三聖書注解全集5巻、教文館）。

「よこしまなものの道に入ることなかれ。悪しきものの道に歩むなかれ。これを避けよ。過ぐることなかれ。離れて去れ。」（箴言4：14-15）

悪を知れば知るほど、新たな悪が繰り出されてくる。その中を過ぎることなく、ただ離れて去れと言う。この言葉は人々の、幾多の危機を回避する貴重な指針となっている。

中傷への対応と同様、悪に対処すれば、自らを低俗化、劣化することになり、得るものは少ない。したがって、避ける。そして避けるとは、逃げることではない。悪に拘《かか》わることなく、自らがいる場（状況）を適切に変換・構築することをいう。すなわち冷静に、なすべきことをなし、自分の立つ場の優位を築くことだ。

このように、悪（中傷）にこだわらず、離れ、自らの内面と立ち位置を整える、それ自体が強力な武器となり、そして気が付けば、攻撃する人、外れた道にある人は、いつの間にか消え去っている。これは、多くの先達が言うところの事実でもある。

4　中流意識に潜む影

責任感が強く、長時間労働を厭《いと》わない日本の大半のビジネスマンは、給料分だけ働くという意識がない。日本人はここに、仕事では上流意識にあるといえる。しかし一方、この優秀な人々の精神の根底に、往々にして、中流意識の存在も垣間《かいま》見ることになる。

中流意識と中流階級意識とでは、意味するところは異なるが、しかし共通する部分は多い。収入が少なく、いわゆる下流階級的な生活を送りながら、高尚な精神を保持する上流意識の人々は多くいるものの、両者は概して類似する。

この中流意識には、独特の影がある。少々極端な例ではあるが、マララ・ユスフザイは、地元パキスタンではあまり歓迎されないという。彼女は、女子の教育機会均等を主張して銃撃に遭い、瀕死の重傷を負ったが、英国で治療を受けて活動を継続し、最年少でノーベル平和賞を受けた。このマララを、上流階級の人々は好意的であるが、中流階級の人たちが嫌っている。彼らは、上流階級に仲間入りしたマララに嫉妬するという。そして、同時に、下流の人たちが中流に入ることもよしとしない。自分たちのささやかな特権が脅かされると考えるからだろう。

このように、およそ、自己保身の故に下流の人の中流への参入を嫌い、周囲全体の均質化、横並びを望むが故に、より上をめざす人に嫉妬する。このような極端な例は日本では少ないが、しかし、類似しないとは言いきれないところもある。

ヒットラーは、この横並びの中流意識を利用した。大半の人は、矛盾があっても、社会的に受容されれば、容易に利便供与を受け入れてしまう。そこで、時の政権は、(国民車といわれた）自家用車、家と社会保障を用意することで、中流階級の支持を得て、反対・批判勢力を封じた。その後、独裁的な権力集中システムを構築することになる。一方、多くの人々は、海辺や高原、湖畔で長期バカンスを楽しんだという。現実には、ヒットラー政府の財政は破綻し、戦争による侵略と賠償金獲得の方策が実行されるわけだが、中流階級の人々の心底には、生活への満足感と、自分たちが戦争に駆り出されることはないだろうという安心感があったという。そして、これらの代償として、対岸の火災のようにヒットラーの暴走を許す。

「だれも健全な教えを聞こうとしないときが来ます。そのとき、人々は自分に都合の良いことを聞こうと、好き勝手に教師たちを寄せ集め、真理から耳を背け、作り話の方にそれて行くようになります。」（テモテ(II)４：３－４）

現在、中流階級では、相応の学歴を保持する人が多く、経歴でも遜色のないところにある。言い換えれば、人材不足ではない。しかし、ジリアン・テットが指摘するように、人材が揃いすぎると社会は硬直化する。これだけの人がいるのだから、現状の社会の進行・

運営にほぼ間違いはないだろうという、タコつぼ（サイロ）の発想に陥る（サイロ・エフェクト、文藝春秋）。加えて、実力があると自負する人は、少なからず、上記聖書の言葉にあるように、自分好みの話を聞こうと都合のよい教師を寄せ集め、作り話の方に逸《そ》れていく。こうして中流意識に潜在する横並び思考は、負のサイクルへの入り口を形成する。

「あなたたちが量《はか》るその秤《はかり》で、あなたたちは量られるだろうし、またあなたたちに付け加えられるだろう。たしかに持っている者には、与えられるだろう。だが、持っていない者からは、持っているものも取り去られるだろう。」（マルコ4：24－25）

人は、外面では他と同質・同類であることを避ける。しかし内面においては共通思考を保持し愉しむ等の性癖を表す。この心のありようは、上流意識にあるとは言えないであろう。

聖書は、富者であろうが貧者であろうが、人を秤にかけて量ると言う。庶民の味方だから正義、金持ちだから悪者と決めつけることはない。人の内奥の意識とそこから生じる行動を問うからであり、そして、持てるものは与えられ、持たない者からは、持っているものも取り去られるという。

一方、起業家、あるいはそのマインドを保持する人は、横並び意識をもつことがない。あっても克服しようとする。なぜならば、顧客の幸福を願うことが事業の基盤であり、かつ特異性が起業の命題の1つだからだ。こういう人々は、日常においても、上流意識の保持をめざす。第一章―9に記した勝者、富者思考を実現する。ここに、中下流意識が霧散することになる。

5　人との距離

仕事熱心なビジネスマンには、特に、思惑や都合から離れ、家族、地域住民の間においても、適切な基準を構築することが求められる。さもなければ、砂の城をつくることになりかねない。

近年、家族内における、特に年寄りへの虐待が増加している。その半分が暴力的であり、次に言葉によるもので、虐待する側は男子が多く、女子がその半数を占める。このような虐待を行なう子供は、若年時に、自主性育成環境の欠ける期間をもつという。

「弟子がイエスに伝えた。あなたの母、兄弟たちが外にきています。イエスは答えた、私の母、兄弟とはだれか。神の御心を行う人こそ、私の兄弟、姉妹、また母なのだ。」（マルコ3：32-35）

この部分を読み、イエスは家族を大切にしないと非難する人がいるが、しかし聖書の他の箇所で、「父母を敬え。」（マタイ19：19）と述べていることからも、その指摘は当たらない。この箇所は、家族間においてさえも、大切な基準があると説いたものと言える。また、次のような記述もある。

「躾《しつけ》と訓戒は、知恵を与える。だが、放任された少年は、母の恥さらし。」（箴言29：15）

虐待を行う人間は、多くの場合、子供時に放任、甘やかされ、依頼心を強めた経緯をもつ。親が子供からの相談を聞かないということではない。親の役割は、子供を守るという言動を実行しながらも、子供自身に今何ができるかを考えさせ、自主的な行動力を育てるところにある。この思考・行動の学習を欠いた場合には、依頼心が増し、成人になっても自分で事態を切り開くことができず、不満だけを残す。そして、不平を和らげる方法として、他人、親に対して攻撃的になる。

また、偏った愛、自己満足の慈善も、家族間にとどまらず、地域の繋がりにおける負（マイナス）の問題として表れる。地域の堅い絆、緊密な助け合いの精神から導かれる人間関係には、その根底に人の都合や思い込みがあり、多様化とは逆向きの同質化の傾向を強くする。そして、往々にして、同質性を維持するために、異質を探し出して排斥・迫害するようになる。このため、絆の概念を科学的に見直す機運が生じている。

岡壇《まゆみ》は、地域の人の間で、緊密な人間関係があると、かえって悩みや弱みを見せたり、助けを求める行動ができにくいと指摘する。日常的に、生活面での癒着（依存）を勧《すす》める地域では自殺率が高く、逆に立ち話程度、挨拶程度というあっさりとした、ゆるい結びつきの地域での自殺割合は、前者の約3分の1になる。後者の地域は、いろいろ違った人の存在を受け入れ、全体主義ではなく人物本位主義を保つ。そして、悩みがあるときには積極的に相談にのるが、それ以外ではゆるやかにつながる、いうなれば自主性を尊重した考え方を勧める人が多いということだ（生き心地の良い町、講談社）。

事業家・中村善壽は著書に、世に流されない、(厳しい)個の確認から、独自性、創出力そして他との真の連携が生まれると記し、次のようにも述べる。〃自分の個を大事にする。他人の個も認める。この関係になるには、適度な距離感が必要だと思います。密着し過ぎると、お互いの姿が見えないでしょう〃(孤独からはじめよう、ダイヤモンド社)。彼は祈りの人であり、収入の多くを児童支援組織に寄付する。

6 おとなの試験

宴席等において、意図的にあるいは意図せずに上座《かみざ》を勧められることがあるが、これは1つの試験といえるだろう。仕事の打ち合わせなどではとにかく、宴会等では下座《しもざ》に位置する方が無難だ。必要であれば、主催者があなたを見て上席に招くことになる(参照 ルカ14:8-11)。

おとなの試験は、日常的に課せられる。業界を牛耳るドンといわれる人たちは、およそ腰が低く、言葉使いにおいても頭脳明晰といった気配を出さないが、その隠れた正体の一つに、人を見る目の厳しさがある。人なつっこい笑顔を見せながら、人物判定を目的としたさまざまな試験を繰り出す。

松下幸之助は、にこやかに何度も同じ質問をして、相手の回答の前後に矛盾がないかをみたという。また、年配者に多いが、彼らは面談の初めに世間話をはじめ、その話が長くなりそうな雰囲気をつくる。若いやり手の人は、往々にしてこういう場合、用件をきりだすことでその話を断とうとしてしまう。しかし、これも試験と思った方がよいかもしれない。彼らは、相手が話を聞く人間かどうか、または年長者をどう扱うかを見る目的で、わざと無駄話をしているかもしれないからだ。

同様に、愚かしい行為を見せて、相手の反応を探る人がいる。ある社長が、酒席で酔ったふりをして、新聞紙を丸めて隣の客をたたき、次に平身低頭であやまっていた。彼にその理由を聞いたところ、周囲の人間が、自分をどのように判断するのか試していると言った。非難だけの人かどうかを見るという。概して、地位・業績において相応の人が、くだらないことをした場合には、何か理由があると思った方がよいかもしれない。

人間の試験は、当人を採用（受容）するか切り捨てるかの手段となるが、一方、聖書の試験は、人々をよりよい成果に導くことを目的とする。このため、試みは躾《しつけ》といった方が適当かもしれない。

「あなたがたが耐えているのは、躾なのである。神はあなたがたを子として扱っている。というのも、父親が躾ない子などがいるであろうか。」（ヘブライ12：7）

父親は、子の発達を願って諭《さと》す。こうして、子は鍛えられる。まして神は、父親以上にあなたの成功を約束する存在であり、ここにおとなの試験がある。

試み・躾を経て、全く変わらない人は少ないだろう。ある人は、強く、賢くなる。そしてある人は不機嫌に、より悪くなる。前者にあっては感謝が特徴として表れ、一方、後者は、自然感情に委ねてあからさまに、あるいは内心において反抗する。私たちはここにおいて、神の御意（おもい）の一端、感謝か反抗かの選択権を人に与える、そのありようを知る。

7　見せかけの強者

逆境のなかにある人や弱者に対して圧迫を加え攻撃すれば、良心に背《そむ》く行為であると誰もが言う。しかし、人の多くは弱者を見ると快感と加虐意識を持つ。会社でも、出世の遅れた人を冷淡に扱う場面は多く、同僚だけではなく、上司でもこのような態度をみせる。

加えて、他人を不幸に陥《おとしい》れて喜ぶ人がいる。若い夫婦に干渉し、その仲を壊して楽しむ婦人の場合、妻側の少なからずの不満を聞き、なだめるかのような言辞を弄《ろう》しながら、実は煽《あお》り、あたかも修復が難しいかのように思わせてしまう。裕福で上品そうな人だが、その穏やかな態度のなかに、一瞬の冷酷な表情を見せる。一方、このような悪い女がいるから、男は純真な女性に魅かれるのだろう。

核爆弾を広島、長崎に投下した米国の首脳・研究者たちは、戦争の早期終了と自国兵のさらなる犠牲の防止を、開発の理由として述べているが、核兵器の破壊力についての人体実験を考えなかったとは言えないように思う。事実、原爆製造チームの報告書は、戦争の(予想外の)早期終結によって投下が中止になることを危惧し、完成を急いだと記している。そして、10以上の投下候補地には、一般市民の住む平坦な都市が選ばれた。爆発の威力が広範囲に及ぶためだ。また終戦時には、ただちに現地に研究チームを派遣し、被害実態と生存者、特に子供の被爆状況を調査した。しかし、もし日本が同様の核兵器を持った場合には、使用しないとは断言できないところであり、ここに魔性の心を併せもつ人間の姿を見ることができる。上記の会社での弱者への圧迫、中年女の若い夫婦への企みの行動も、人間の悪を愉しむ心情に端を発す。

人は、アンビバレント（ambivalent）生物だという。一例に、愛と憎悪が併存する精神状態がある。しかし、被爆者の村田未知子は言う。〝被爆した人たちは、だれ一人ホワイトハウスの上に原爆を落とせとは言わない。この被害は、私たちだけにしてほしい〟。自然児のままに成長した人間は、仕返しを当然と思う。一方、聖書は、「柔和な人々は幸いである。その人たちは地を受け継ぐ。」（マタイ5：5）と説く。アンビバレンス（両面感情）、人が自然に持つこの情感を、人自身の力で制御することは難しい。一方、村田の希《ねが》い（祈り）は、この課題解決の方向を示唆する。

核兵器廃絶の国際的合意が成立し難い現状においては、その増強をすすめ、先制攻撃に対抗するしかないと言う。しかし、核戦争に勝者のいないことは、大勢の一致するところだろう。そして、ヘンリー・キッシンジャーは述べる。〝比類のない力（核兵器）を手にした瞬間、生存の可否を解決する道は、人間の心の中にしかないことがわかる。〟

実は、悪を愉《たの》しむ人ほど、良心と悪の識別能力が高く、悪の恐ろしさを知っている。上記の若いカップルの仲を壊す婦人について、夫に浮気の噂が流れた。根拠があるようだったが、彼女は狼狽し、人を選ばずに言い訳を繰り返して、周囲の失笑を買った。彼女は、他の夫婦に仕組んだ企《たくら》みを通じて、離別の苦しみを実感しているのであろう。そして、核兵器を使用した国は、逆に核攻撃される恐怖感を抱くのではないだろうか。

「あなたたちをキリストの仲間とみとめて、一杯の水を飲ませてくれる人は、キリストからの恵みを失うことはない。しかし、小さくされた者のひとりを躓《つまず》かせる者は、石臼を首にはめられ、湖に投げ込まれる方がましだ。」（マルコ9：41-42）

私たちは、良心と悪意とを併せもつ、そう言えるほどに脆弱な存在である。しかし、こうした弱い人間でも、その両者を識別することができる。そして、どちらかを選択する力が与えられている。

8　愚かさと賢さ

「神の愚かさは人よりも賢く、神の弱さは人よりも強い。」（コリント(I)1：25）

神と比較すれば、人の知恵、力の程度は些細である。しかし、この言葉があるにもかかわらず、世にいうところの賢く強い人は、外れた言動を露呈する。

太平洋戦争を主導した軍人・官僚に対しては、今の人は先見の明がないと批判するが、彼らは、当時の優秀な人材である。それでも、戦略・戦術は破綻し敗戦に至る。当時、主に米国によって石油の輸入が止められ、また多大な投資をおこなう中国からの撤退を強要されて、日本はやむを得ず開戦に至った。このような見解は、他国侵略という負い目の中にあるものの、納得できる余地はある。しかし、戦争の中後期には単発銃(小銃)さえ不足し、戦死した兵士の半数以上は餓死と疲弊死であったという事実(吉田裕、日本軍兵士、中公新書)から見ても、長期展望の欠如を指摘することができる。

「神は知恵ある者に恥をかかせるため、世の無学な者を選び、力ある者に恥をかかせるため、世の無力の者を選ばれた。」(コリント(I)1:27)

太平洋戦争敗戦の結果、日本は多くの人命とともに、中国での利権、インドネシアの石油資源等をはじめ、国内外のほとんどの財産を失った。当時の要人は、自らを強国の指導者と思い込んだか、あるいは、やむを得ずに戦争に邁進することが使命と考えたのであろう。ここで結果論となるが、開戦前に石油がなくても、海外の利権がなくても、日本は生き残る道を模索すべきだったことになる。当時、このような見解は、愚かな、無力な者のたわ言《ごと》とされたであろうが、戦後、日本は何もない状態となり、そこから再生したのである。物質的資産がほぼゼロの状態から出発したのである。

ここで、戦争によって壊滅したから、新たな経済体制が生まれたとの説明・解釈を述べる人がいるが、それならばなおさらに、悲惨な戦争の前における、ゼロ（弱者）の意識の提示とその実行が問われることになる。

人は、賢い人、強い人に魅かれ、規模の大きい物を見ると安心する。しかし、（上記の聖書の語句にあるように）神は無学の者、無力の者、小さくされた者を選ぶ。この選択は人間からみれば不思議に映るが、現実には、この聖書の言葉に合致する事例を多くみることができる。

事業においても、知識豊富で、話し上手な人が有用な人材とはかぎらない。かえって、話し下手でも愚直に仕事を進める人の方が、現場の理解に優《すぐ》れ成果をあげる。前者は、人当たりがよく、弁舌もなめらかだが、その特徴が故に自前の（実態は因習的知恵の）論理を展開し、本質から逸脱したり、現場から遊離する状況、あるいは大勢に迎合する場面をつくり出す。

また、これまで大規模設備、大量生産等で威容を誇った企業の多くは、消費拡大・成長戦略の先行きが不透明のなかで、少量、高品質生産体制に転換するようになった。そして大事業部の設置ではなく、小規模事業部による独立採算制の推奨等の方向を模索、実行している。実際、自動車製造業のスズキ㈱は、2輪車から始め、30年間で（3000億円より）3兆円の売り上げを得るまでに発展したが、社長の鈴木修は、会社は規模ではなく中身だ、この会社の経理、開発部門などの仕組みは、すべて、中小企業のままでよいと述べる（鈴木修、俺は、中小企業のおやじ、日経新聞出版）。

羽振りよく仕事を進めるとき、達成感に満たされるときには気付かないが、人は、道端の小さな花に目をとめることがある。いつも見過ごす木が、なにか自分に話しかけていないだろうか、今朝の鳥の声は昨日と同じなのだろうか。このような些細な美、その動き、景色に気付くとき、本質、長所を見る心の準備が整うのだろう。そして人は、内奥において、既に、この美が発する力と理由《わけ》を知っている。

第四章　起業と内面

1　神との対話

神の存在を、論理的に証明することは難しい。神を見た人、声を聴いた人は少ない。しかし一方、神を体験する機会は、その多くが、自分自身に起きる出来事等を経由して与えられる。思いもよらぬ助けや、窮地からの脱出を誰もが経験し、人はこれらを大概は、自らの努力、他から援助、あるいは偶然の出来事として処理する。しかし、それでも内心では、自分を擁護する不思議な力の作用、なにものかの存在を感じ、あるいは認識する。

酒類や薬物による酩酊・恍惚状態では、上記の感覚は得られ難いようだが、修行増やスポーツ選手のように、心・体を鍛錬することでの体験例は少なくない。哲学者・武術家の内田樹は、武道の修行を通じて、濃密な実存感をもつ非現実が切迫することを経験したと語る（修行論、光文社）。ここに、実存感のある非現実として、神の在を言及したように思える。

バンクーバー・オリンピック、フィギュアスケートで金メダルを獲得したキム・ヨナの演技には、見る者を安心させる雰囲気がある。他の試合もふくめて、幾多の選手が転ぶなか、きわだって安定している。過酷な練習の結果でもあろうが、彼女はクリスチャンで、東日本震災をふくむ、世界の災害地に多額の寄付を行っている。キリスト信者の多くは、自らのうちに神が在り、自分に代わって働くと思うので、プレッシャーに強いのかもしれない。

そして苦行、猛訓練等とは異なる場においても、この体験は起きる。ローマ教皇庁列聖省は、奇跡（聖体験）の現出を条件の一つにして、福者、聖者を任命する。以前は布教手段として、例えば土着信仰の人々の改宗に向けて、その神々を聖人として登録することもあったが、科学的検証が行われる近年は、事実とされる事象が多いようだ。そのなかで、祈りによる病気治癒の実例が少なからずある。

加えて、聖書を読んで、霊的経験を得る人も多い。この書が、人の心を掘り返す力を保持すると言われる、理由のひとつがここにある。作り話の寿命は短い。一方、下記の批判があるなかでも、無音の声を聞き、非顕の在を見る、神との対話・対面を記述した（とされる）この書は、人々の体験を伴うが故に説得力を保持するのであろう。

真理は、批判・研究（査問）のフィルターに行く手を阻《はば》まれることはない。人・世の思惑、情感を超越し、自らが身分証明書を発行する。人の承認を必要としない。したがって、(真理があるとすれば) 人は、その存在の是非を問うことすらできないことになる。

(真理の書といわれる) 聖書は (新約から読み始めたほうが、全体を把握・理解しやすいように思うが)、歴史書、比喩文学とされることがある。しかし、歴史本とすれば史実正確性において批判され、また比喩文章というと、言い換え、曖昧《あいまい》表現の書と言われる。

実態としてこの書は、イスラエル民族の神との対話を記述したものである。奴隷状態にあるエジプト居住地からの脱出 (紀元前13世紀頃)、紀元前約500年におけるバビロン捕囚、その後の長期にわたるペルシャ、ギリシャ帝国の、またイエスの時代のローマ帝国の支配、そして紀元70年代のローマ帝国による国の滅亡など、困難な歴史背景において、イスラエル民族は真摯かつ切迫した祈禱を行ってきた。

この聖書のなかで、イエスの十字架刑死の数十年後に記載された新約は、キリスト教団構築のための資料 (手段) でもあることが、近年に飛躍的に進展した史的イエス研究において明らかにされた。また、この書が一般の文章、母国語として配布された期間は、印刷技術発明以降の数百年であり、それ以前はギリシャ語、ラテン語の (手書きの) 少数部冊を、(聖職者など) 一部の人々が保有していた。したがって、約1600年の間は、人々は聖職者の説く内容を、抵抗少なく（あるいは強制されて）受け入れたことになる。

そして現在、多くのキリスト教会、特に米国の大政党を支える教派は、聖書が神の言葉・啓示を内容とするので、一字一句を正しいと信じなければならないと主張する。これは、字句主義といわれるが、一方で当該教派は、多様な解釈も可能としており、この曖昧性は、人々を混乱に誘う一因となっている。しかし、字句主義でなければ、人はどのように聖句を取捨選択するのか、という問いに対しての回答は難しい。

このような問題があるなかで、聖書が人々の感性に入り込む理由は、比喩あるいは歴史物語の背後に、神・天に通じる道（真理）を観るからであろう。

「あなたたちは聖書の中に永遠の命があると考えて、聖書を研究している。ところが、聖書はわたし（イエス）について証《あか》しをするものだ。それなのに、あなたたちは、命を得るためにわたしのところに来ようとしない。」（ヨハネ5：39-40）

ここで、（被造物としての）人間の立場では、課題の解決を急がず、結論のない・少ない状態に耐えるなかで、神に（直接的に）尋ねることで真実が明らかになる、この姿勢の維持が大切のように思う。

なお、上記の文章が記された時代においては、現在いうところの新約は、聖書と認識されていなかった。したがってヨハネ（5：39‐40）がいうところの聖書は、ユダヤ教の権威ある書物に該当する。しかし図らずも、このイエスの言葉は、組織維持を優先する、或いは護教的体質を内包する、現在の一部キリスト教者に対する批判を表すことになった。

2　自分の立つ位置

職場で意に添わない異動を言われる、望んだ地位につけない、また解雇の事態にあうなどの時には、生計への危惧、周囲の評判等への懸念とともに、自分への失望、怒りも生じてくる。一方、ここで、苦労のときはあっても、生かされていると考え信頼する人は、新たな地位、職場に出会うなど、天の配剤を受けることになる。この事実は、あきらめなければ出口があるとした、多くの人たちの述懐にもその一端をみることができる。

「主はアブラムに言われた。あなたは生まれ故郷、父の家を離れて、私が示す地に行きなさい。わたしはあなたを大いなる国民にし、あなたを祝福し、あなたの名を高める。祝福の源となるように。」（創世記12：1-2）

私たちにとって、これまで馴染《なじ》んだ環境を去り、新たな世界に入るという状況は悪いことではない。なぜならば、これらが志を実現する機会となることは、多くの人たちが示すところだからだ。

私たちの会社でも、似たような経験をしたスタッフがいる。彼は大学卒業後しばらくして、今までの職場を離れ、東南アジアの小さな研究所に勤めた。そこは漁業の地で、当時は街中に信号機が1つしかない僻地だった。日本の知人や関係者は、彼が米国かヨーロッパへ行くと思い込んでいて、行き先を聞いて明らかに失望、軽視したという。その街の周辺一帯は、エビの一種であるブラックタイガーの養殖がさかんで、その稚仔《ちし》は弱く、餌が不足するか水質が悪いと30分ほどで死んでしまう。そして、このような弱い種類は主に東南アジアにしか生息しない。彼は、この稚エビが生き残る仕組みを研究するなかで、エビの活力を増強し、加えて病原菌を排除する微生物、いわゆる善玉菌を発見した。その後、このような菌が、家畜、蜜蜂や人間の疾病防除に効果をあらわすこともわかり、この思考過程・手法は現在、我々の研究のコアとなっている。彼は、僻地といわれる場所において成果が生まれ、予想外の達成感を得たという。

そして異同や配置換えでは、あなたへの妨害があったり、さまざまな思惑や企《くわだ》ての隠されていることもあるが、拘泥する必要はない。それらは、いずれ明らかになるからだ。

「彼らを恐れるな。なぜならば、覆われてしまったものでも、あらわにされずにすむものはなく、また覆われているものでも、知られずにすむものはない。」（マタイ10：26）

「あなたたちはこの世の光である。山の上にある町は隠れることができない。人々はともし火を枡《ます》の下に置きはしない。むしろ燭台の上に置く。そうすればそれは、家の中にいるすべての者を照らすのである。」（マタイ5：14-15）

ここで、あなたの志は、照灯となり世に表れる。例えば、離れていった人々が、自分を見ていたという事実に気付く。たとえ不本意な立場に置かれることがあっても、その位置は、同時に、神の約束が訪れる場所を意味する。転勤、異動、解雇等の際に押し寄せる、こころない人の評価、噂などは、祝福の恩恵の前では垢《あか》と同等のものと言える。

3　うわべの感情

事業における攻めの際、そして守りのときに、自然（野生）感情に頼ると、まと外れの結果に至ることが多い。

例えばすぐにでも利益を得て、早く安定した経営体制を築きたいという気持ちに従うと、勝つことが難しくなり、また望む方向への発展にも時を要することになる。会社をよりよくするためには、その前に、顧客への上質な利便提供を根底にした基準の設定、人材育成、改革の日常化等とともに、長期的視野をもたなければならないからだ。

「金持ちになろうとする者は、誘惑、罠、無分別で有害なさまざまな欲望に陥る。その欲望が、人を滅亡と破滅に引き込む。」（テモテ(I)6：9）

利益優先をあからさまに露呈する人は多くはないが、利益よりもなによりも、顧客への利便提供の向上を率先して考える事業家は意外に少ない。(上記の聖書の語句にある)金持ちになろうとする人は、長期的視野をもたず、まず利を獲《と》りにいこうとする心情にあると言える。金持ちが悪ということではなく、利益を得る前の過程(プロセス)に欠陥があるのだ。一方、プロセスを整え、大切にする人は、利益は追って入ってくると考えるため、事業の飛躍は必然となる。

また、競合者や批判者から無体な攻撃を受け事業を守る際に、相手が大企業であったり、あるいは威嚇的な言動をみせる人であったりすると、自然感情において恐れをもつことになる。しかし、このような相手の実体は、虚像であることが多い。外観を装う者・組織ほど、内に弱点を抱《かか》えているからである。

「見えるものは、知覚しうるものから生じているのではないことを、私たちは理解している。」(ヘブライ11:3)

上辺《うわべ》の感情(知覚)に惑わされることはない。真実を求める人が見ているものは、世間に優勢を誇る事象とは異なるものである。真の事柄は、虚像から生じてはいない。この事実を私たちは理解している。こうして、静かにして物事を究めようとする人には、よりよい成果に至る道が用意される。

「平和を私はあなたがたに遺し、私の平和をあなたがたに与える。世が与えるようにではなく、私があなたがたに与える。あなたがたの心がかき乱されてはならない。おびえるのをやめなさい。」（ヨハネ14：27）

事業においても、困難・トラブルの方向を変えて平和に至る道がある。これを、聖書は、「世が与えるようにではなく」与えると言う。世間の評判を指針にしたり、自らの虚栄心に依って進む方向を選択する人は意外に多い。また、衝突することで破壊を、避けることで放置・衰退をもたらす人も少なくない。しかし、聖書が示す道では、生成的手段と成果を得る。このような道が与えられるので、心をかき乱してはならない、おびえてはならないと言う。

内村鑑三は言う。〝能《よ》く天の命に聴いて行うべし、自ら己が運命を作らんと欲すべからず〟（内村鑑三全集40巻、岩波）。世の束縛や虚栄の下《もと》にあれば、自己の運命はその支配において展開されることになる。そうではなく、そのようなものに拘わることなく、天の命を聴くことだと言う。事実、事業者の大半が語るところの〝自分はラッキーだった〟という言葉は、この指針の成果を示唆するものであろう。

そして、ルイス・V・ガースナーは、この聴く姿勢についてのヒントを紹介する。〝好かれる必要も、尊敬される必要もない、ただ、信用されればよい〟（巨象も踊る、日経新聞出版）。人はうわべの感情においては、好意と敬意という評価・反応を世の人々に求めてしまう。しかし、実際に、事業に限らず、必要な第一の要素は信用・信頼であり、ここにも未来を引き寄せる原泉の1つがある。

4　捨ててよいもの

経営リスクを最小化する意味で、ミニマイズの語彙が使われるが、昨今、設備や服装においても採用され、Tシャツ姿の経営者がプレゼンテーションに登場する場面は多い。この人たちの保持するスーツの数は少ないという。実際、彼・彼女らは意外なほど物を持たず、会社内でも広々とした空間を確保する。

聖書も、思い切って捨てることを勧める。

「もし片方の目があなたをつまずかせるなら、えぐり出して捨ててしまいなさい。両方の目がそろったまま火の地獄に投げ込まれるよりは、一つの目になっても命にあずかる方がよい。」（マタイ18：9）

厳しい表現ではあるが、悪は〝思い切って捨ててもかまわないもの〟、〝躊躇せずに離れてよいもの〟と解釈できる。そして世の迷い等に対しても、これくらいに考え、思い切りよく捨ててしまいなさいと言っているのではないだろうか。

この捨てた方がよいものの1つに復讐の感情もあるが、自分自身の罪に対する追求、すなわち己への復讐心を、自分の力で捨てることは難しい。己の過ちは、誰よりも自身が知る。これが刑事罰等に当たる罪であるならば、牢獄に入り、賠償金を支払うことで贖《あがな》える。しかし、良心の罪の場合には、その大半は牢獄も賠償金も関与しない。そして、忘れることはあっても、時々に、心に、金額の記載されていない請求書が届く。また、自己を責める声が心を占め、神からも疎遠になる。一方、自らに過酷な体罰を課す人もいるが、そうすることで赦される保証はない。

この課題について、聖書は次のように記す。


「不信心で神なき者を義とする方を信じる者にとっては、業《わざ》を為すことのないままで、その人のその信仰が義とみなされる。」（ローマ4：5）

不信心の者でも義とする存在においては、信じる人への許しはより容易（たやすい）と説く。行為によらず、信じることで赦されると言う。ここで、神実在の是非が問われる。罪を許す神、この存在を認めるのか否か、自己の在り様が問われることになる。

世界の生成と発展を司る神は、無条件に、対価・犠牲を求めずに、人を赦す意思（おもい）と権利・力を保有する。そして立ち返り、これまでの道を離れ、神を畏《おそ》れる人たちは、この事実を体験するという。

一方、このような経験を得ながらも、少なからずの人は、これは都合のよい言い逃れだとする、世の声を聞くことになる。良心の罪を自分の力で捨てることはできないが、人からの圧迫はやりすごすことが可能である。なぜならば、それらは己自身に属するものではないからだ。世が何を言い、妨害・非難しようが、束縛のなかで停滞するよりは、神のもと、人々に貢献するほうが数段に良いと言える。

5　不安と欠乏の心理

自分に限界を設定する人の多くは、その心底に仕方がないという諦めをもつ。そして、このあきらめの心情に根拠を与えるために、自己の欠点を挙げ連ねる、いわゆる減点（マイナス）思考に陥る。

加えて彼・彼女は、概して、未知の事柄や自己の理解の及ばない事象に対しては、異質或いは（事実では）ないと思い込む。その方が、手っ取り早く安心できるからだろう。その結果、探求し挑戦する行動に遅滞が生じ、加えて異質への非難が増長して、無理に異常と置き換え、（時には）迫害行動に走る。

そして欠乏のサイクルに入り込む。スティーブ・コビーも指摘する。会社で出世が遅れたとなれば、不安が生じ、自分はうだつのあがらない人生の只中にあると思い込み、数多《あまた》ある役職数を限られたものと錯覚してしまう。この不安と欠乏の心理においては、相手をやっつければやられる、相手を引き降ろさなければ地位が得られない、あるいは、富を奪取しなければ取られるといった思考に陥り、世界を小さくとらえるようになる（完訳7つの習慣、キングベアー出版）。

「神の富と知恵と知識のなんと深いことか。だれが、神の定めを極め尽くし、神の道を理解し尽くせよう。」（ローマ11：33）

一方、大きな力の存在を認め、依り頼む人は、限界を設定する必要がなくなる。力は与えられると考えるため、自らを叱咤激励することもない。神の富、知恵、知識に限りはなく、そして、この社会が彼の支配下にあるのであれば、自分にもその力と恩恵を得るチャンスがあると考える。このため、上記の欠乏のサイクルに陥ることもなくなり、役職などはたくさんあって、いずれ与えられると疑わない。この力に依存する人は、欠乏は自分勝手な思い、不安から生じる妄想だと看破する。

また、志をもち、まともな道を選択するという、自らの精神的基盤とその手段を公表すると、敵対者がここぞとばかりに攻撃をしかけ、足を引っぱりに来ると考える人は少なくない。これも欠乏の心理と言えるだろう。たかだか数十、数百人を敵にまわしたとしても、あなたには数十万、数百万人の味方ができるのだ。この方がはるかに優利といえる。

6　自力からの脱出

交渉やプレゼンテーションでは、忍耐、誠実等の冷静な内面力が求められるが、その力を自らが作り出すとすれば、相応のエネルギーを必要とするだろう。一方、己の中に住む大いなる存在が行動を統括するという、信頼を保持する人には、自然体の言動があらわれる。そして人は、心を無の状態にすることができる。内面の感情は、一時的かもしれないが、無視あるいはやり過ごすことができるからだ。また、自分は死んだと考え、過去を切り捨てることも可能だろう。生命の危ぶまれる大病や危険（な事象）に会った人が、これまでの自分から変わったと実感する例は、多く聞くところである。

ここで、自己を否定し、あるいは一度死んだと考えたときに、次の基準、心の支えは何になるのだろうか。一般的な論理として、死人が次の概念を設定することは難しい。（このため）もし、生きる自分で次の指針を構築するのであれば、それは以前のものを継承したことになる。

聖書はここに、自己を否定した心の空間に、新たな基準・支配者を置きなさいと言う。

「生きているのは、もはやわたしではありません。キリストがわたしの内に生きておられるのです。」（ガラテア2：20）

人の心のありようは、心理操作などを利用しない限り、他人が司ることは難しい。たとえ強制できたかのように見えても、人は内奥で自由に思考するからだ。このため、自分を変える作業は、人からではなく、自らの決定によって行うことになる。ここで、己ではなくイエス・キリストを主人とする、この新たな基準を選択したときに、人は重荷の解かれることを実感する。

逆に、自分を主とする自己義認の場合においては、一時的な聖人気取り、あるいは自己満足に陥る危険があり、そこには、多くの圧政者や抑圧者の失敗例をあげることができる。

起業においても、この委ねる姿勢は有効と言えるだろう。周囲からのさまざまな攻撃、例えばコア技術の開示、値下げ、商品の無償供与などの要求では、相手も時には快適とは言えない言動を駆使する。これに対して、自力に頼って受けて立つと、自分も同じような不本意な態度を表すことになりかねない。しかし、己が生きるのではなく、イエスが内奥に在って支えるのであれば、彼が相手と対峙することになる。

加えて、このような思考を実行すると、成果を気に懸けることがなくなる。結果（の有無等）は力ある存在に帰す範疇《はんちゅう》にあると考えるからだろう。

7　選択の自由

人は、多少の差異はあっても、己の人生は自力で切り開いたと思いがちだ。しかし静かに省《かえり》みれば、我々は何かを選択し、頼る存在であることに気付く。金、人、会社、仕事、家族、酒、趣味等に依存している。そして、これらを選択する自由が、私たちには与えられている。

聖書も、この自由について述べる。

「すべてのことがゆるされている。しかし、すべてのことが益になるわけではない。

すべてのことがゆるされている。しかし、すべてのことが互いを建てるわけではない。」（コリント(I)10：23）

人は、この自由をもつが故に心の主人ということができる。一方、大きな志・使命の遂行を希求する少なからずの人は、主人の座を神に明け渡す。挑戦する対象が大きいほど、天の力を必要とするからである。ここにおいて、心の中で自分が生きるのではなくイエスが生きるという、前出の聖書の言葉（ガラテア2：20）が具体化する。

一方、この言葉に接し、自分が判断し行動するわけではないので、以降はなりゆきに任せ、責任をとらず、したいようにすると考える人もいる。しかし、この論法には欠陥があるように思う。なぜならば、人は、依然として、誰を主人とするかの選択権を持つからである。すなわち、我々は、善あるいは悪を迎える決定を行うことができ、そして、その責任を負わなければならない立場にある。

この選択に伴う責任については、聖書は次のように言う。

「神は、その人の業に従って、それぞれに報われる。」（ローマ2：6）

（注：報いという用語は、聖書では報酬を表す場合が多いが、時には諫《いさ》め・躾《しつけ》の意味をもつ）

聖書は、因果応報を否定してはいない。ただし、人ではなく、自然に生じることでもなく、応報の有無、時、場所等は神が定めると説く。現代物理学（量子力学）は、全物質の根源である素粒子の在り様が、非連続であることを証明した。どのような場にいつ出現するか予測できないという。応報も、人から見れば非連続的事象なのだろうか。実際、善行、悪行の人々が、その後確実に褒賞や罰を受けるとは確答できないところだろう。原因結果で説明しきれない事例も少なくない。しかし、メディア報道が少ないため悪行よりは目立たないが、善行が神よりの称賛を（期せずして、ご利益ではない形態で）得たとする事例は多い（最相葉月、証・日本のキリスト者、角川）。

そして、人間は100パーセントの完全な存在ではない。人は神ではない。我々は、心にもない悪習に陥ることがあり、また前触れもなく神への悪口を言うこともある。このように、心のなかに、自分では制御できない、支配できないものが入り込んでくる。加えて、悪も巧妙に策をめぐらす。ここでしかし、人には対処する方法が与えられる。

「わたしたちは、肉（罪）に従って生きるという責任を肉に対して負っているような者ではない。」（ローマ8：12）

罪、悪に拘《かか》わるな、そんなものを義務と思うことも、そのなかにいる責任もないという。子供は親を信頼するときに、より健全に育つ。人は依り頼む相手を持ち、それが絶対の存在であるときに、安心し力を得る。自らの主を誰とするか、その選択によって、人は自由になり、あるいは世の束縛の支配下に留まる。

8　宝物、そこに自分の心がある

危機への対応では、平時の準備作業が必要となるにもかかわらず、少なからずの企業は、間際・最中に至るまで、方策を十分に整えない状況を露呈する。例えば、売り上げが減少し事業・経営が危機に陥った際に、販売促進を強化しても解決策にはならないことが多い。なぜならば、販売を急ぐ、あるいは購入を懇願すれば、顧客はためらい、殻を閉ざすからである。

一方、逆に、得ようとするのではなく、与えることで突破口が見えてくる。人々の心が動くからだ。ここに、利益優先の経営姿勢ではなく、日々の顧客への利便提供の重要性が浮上する。常時における作業である。

そして、自己義認をやめ、神の前に謙虚に自らを見つめ直す、この作業が大切だろう。自分の非力を悟るときには、1ポイント1ポイントの重さを知り、かつ仕事に従事する今を謝すことができる。

「もし人が私の後ろから従って来たいと望むならば、自分自身を否み、自分の十字架を担って私に従って来るがよい。」（マルコ8：34−35）

イエスを刑死に至らしめた十字架は、教会などは、人々の罪からの解放、すなわち贖罪の象徴としているが、原始キリスト教の時代、十字架にかけられるとは、決死の覚悟で世の課題に対峙する己の姿勢を意味した。神は、贖《あがな》いや対価なしに、人を赦す御意（おもい）を表し、恩恵（めぐみ）を賦与することができる（ローマ4：5）。

ここで、もし上記の（自分の十字架という）言葉において、十字架が贖罪を意味すると解すれば、己が行った（行いつつある）神への背反を、自分自身が赦すことになり、これは論理的には成立し難いところだろう。

そして、〝自分の十字架を担う〟とは、人々からあれほどに称賛された後に、頬を打たれて侮蔑・雑言を受け、裸にされ刑死に至るイエスの心情、覚悟を思い返して、世の誘惑・外れた道を遠ざけるという、我々自身の想い（選択）を表すものといえる。さらに聖書は、どのような困難があっても成果を用意するとした神の意思を、イエスの復活（再生）において提示している。

「自分の命を得ようとする者は、それを失い、わたしのために命を失う者は、かえってそれを得るのである。」（マタイ10：39）

（勇気、誠実を内容とする）能力の備わらない人ほど、自尊心が高いと言う。確かに、この見方は適当と思えるが、しかしより実際的に見れば、自尊心の高い人ほど能力に欠損のあることがわかる。受け入れる姿勢が、硬直しているからだろう。そして（自尊心、先入観等が支配する）己を捨てる、この一例としての脱力は、すべての分野における成功のキーワードであり、その適用範囲は広い。また、このように己を捨てた後には、あらたな基準を導入しなければ、ただのイノシシ侍となる。真実（わたし）のために（義の下に在る）、ここにも、未来への道がある。

加えて、自己保身、防御本能を基底にした行動は、期待に添わない結果に至ると言えるだろう。スポーツで、世界における日本の15歳以下少年・少女の勝率は高く、しばしば優勝する。しかし、青年になると、ワールドランク100位にも入れない競技が多い。彼らは安全なプレー、すなわち無難な試合運びで、相手の失敗・失点を待つ。一方世界の子供たちは、将来の成長、一流をめざして全力でプレーする。子供時のフル回転の状態は、体力が続かないため、当然失敗を多くする。しかし、めげずに、ストロングボールを生むためのフォームを彼らは造る。そして、追い込まれた状況や無理な姿勢でも、力の発揮できる態勢を習得する。この視点で練習、試合を行う人と、目先のポイントに目の色を変える選手とでは、時間とともに大きな差ができるのは当然だろう。世界は、後の大きな成長を画し、今（少年時）の勝敗に（集中はするが）拘らない。

野球でも、（ボールに対して）当てにいく打者、置きにいく投手の打率・勝率は、実力が備わらないので上がらない。このため、バットを振り切る、ボールを投げ切ることが必須要件となる。テニスで、緩やかにラケットを扱う人が（圧倒的に）多いが、かえってネットにボールをかける割合が増す（目先の安全保身を優先するため、脳は強打するなと指令する）。

安易な儲け口を追い、狭く険しい道と思う事案は回避する、起業でも、このような経営者は意外に多い。しかし、その将来展望を明るいとは言えない。身の安全を志向する言動は、（往々にして）かえって安定性を欠き、将来のそして今現在の成功確率を下げるからだ。また、今ここで利益を得たい、直ちに危機を脱出したいという、安全・保身思考に繋がる心情も、人の率直な（自然）願望であり脳も推奨するが、しかし有効な方策は、この欲（欲を保持する自己）を否定するところにあるのだろう。

「あなたの宝のあるところ、そこにあなたの心もある。」（マタイ6：21）

我々には、2種類の宝物が用意されているのかもしれない。野生（自然）の感情に従うのか、あるいは神の摂理を受容するかの2つである。例えば、中小企業が財政的困難に至る経緯の一つに、経営者家族の浪費もある。自然感情では、欲する物を与えることが愛情とされる。しかし、事業の破綻は家族にも及び、住居を失う、あるいは一家が離散する事例は少なくない。これらのことを思えば、真の愛情は、神の摂理に従うことだといえる。加えて、あなたの援けを待つ多くの人の存在も、ここに記《しる》さなければならない。

また、外れた道とまともな（成果に至る）道も、この宝物に該当する。摂理を基にして見渡せば、（気付かずに位置する人々は別にして）意識して外れた道にあり、世に優勢を誇る者は虚像であり、その内容はブラフ（虚勢、はったり）であることがわかる。ここに歩む道を替え、外れた道を俯瞰すれば、2度とこのような処《ところ》には戻りたくないと思うことだろう。

9　十字架の驚き

イエスの目的は、道を創り伸ばすことであって、暴力、屈辱を受け、十字架上に凄惨な姿を見せる刑死ではない、とする主張が多くある（この点で、イエスの十字架は第四章－8で記した〝自分の十字架を担え〟という問とは、異なる内容を提示しているように思う）。

イエスは、次の言葉が最も重要な道（掟）であると説く。

「心を尽くし、精神を尽くし、思いを尽くして、あなたの神である主を大切にしなさい。」（マタイ22：37）

「隣人を自分のように慈しみなさい。」（マタイ22：39）

（注：語句中の大切、慈しみは、引用した聖書ではそれぞれ愛と記す）

聖書の言う罪は、外れた道を意味し、その最たる弊害は不寛容、残虐な心だと解釈されている。ここで、一時も神から離れるな、罪の中に踏み込むなと言う。

そして、十字架上のイエスの、（下記の）悲痛な言葉に直面して、彼は刑死を望んだといえるのだろうか、とする問が生じる。

「わが神、わが神、なぜ私をお見捨てになったのですか。」（マタイ27：46、マルコ15：34）

暴力、抑圧を常時に聴き目にすると、その情報が心に刻み込まれ、人の罪悪感が麻痺する。すなわち、十字架を提示するほど、イエスに行われた侮蔑《ぶべつ》、暴力、苦痛の行為が世に広がる。そのなかで、多くの信者が、弾圧あるいは異端判断の下で殉教しているが、殉教者が尊敬の対象ではあっても、抑圧・暴力を正当化（ましては賛美）してはならないと思う。ジョン・S・スポングも述べる。（イエスの受けた）屈辱は（次の）屈辱を、嫌悪は嫌悪を、虐待は虐待を生む（信じない人のためのイエス入門、新教出版、なおこの書は入門本とは言えないほどの内容があり、原題はJesus for the non-religiousとなっている）。

真摯なキリスト信者・聖職者は、この長期間献身的に人々に尽くし、敬虔な生活を実践してきた。しかし、キリスト教国間で戦争が絶えないという非難があるように、現在も暴力・圧政は多く起きる。信仰は個々の、夫々の心の在り方であり、一様でないことは事実であるが、形式的（あるいは、少なからずの妄信、狂信的）信者の存在も（戦争の）原因の1つであろう。或いは、人間の無知を知らしめる神の配剤かもしれない。

卑近な例かもしれないが、事故多発の標識のある場所では、自動車事故が増加する。これは、常時、事故の文字を見て麻痺感が加わり、かえって事故を誘引するからと言われている。一方、〝ゆっくり進む者は、遠くまで行く〟といった標語は、未来の発展に関心が向くので、事故防止に効果があるようだ。

そしてイエスは、十字架上で人間の思いとはかけ離れた、驚く言葉を発する。

「父よ、彼らをお赦しください。自分が何をしているのか知らないのです。」（ルカ23：34）

罪の露呈が常態となれれば、その勢いは増し、人の忌避感情は減退する。人同士が責め合えば、詰問・雑言《ぞうごん》が重なり、争いは終わらない。

人は、自分自身の罪が赦されて、他を許すことができる。他を許す代償として、自身が赦されるのではない。ここにおいて、神（天）の力によって他を許すことが、負のサイクルから脱出する道であると理解できる。イエスは極限の苦痛のなかで、人のできることではない、兵士、民衆の赦しを神に請願した。この十字架に、世の問題解決、平和の道があると言えるのだろう。

そしてイエスは、人々の罪の贖《あがな》いのため、犠牲となって十字架上で死んだ、パウロはこの解釈を書簡で提唱している（ローマ3：24-25）。なお、この書簡が世に出た20～50年後に完成した福音書は、次のように述べる。（イエスは）〝多くの人の身代金として自分の命を献げるために来た〟、彼は〝世の罪を取り除く神の子羊である〟、〝神は、その独り子をお与えになったほどに、世を愛された〃、〃父よ、わたしをこの時から救ってください。しかし、わたしはまさにこの時のために来たのだ〃（マルコ10：45、マタイ20：28、ヨハネ1：29、ヨハネ3：16、ヨハネ12：27）。この文章は、来るであろうイエスの死を示唆する内容と言えるが、命を懸けて人々を救うと述べたようにもとれる。また、これらは、イエスの逮捕、十字架刑とは異なる場面で語られ、加えて、身代金・罪を除く子羊・独り子を与える・この時のためにという言葉が、（連想はできても）贖罪・十字架刑死と直接には繋がらないようにも思う。

マーカス・J・ボーグは述べる。イエスの贖罪の死は、神の赦しの力に制約があることを意味する。すなわち、神は、適切な生贄《いけにえ》がなされたときだけ、赦すことができる。これは奇妙なことだ（キリスト教のこころ、近代文芸社）。

なおイエスによる贖罪を表すパウロの（以下の）文章、「ただ（人は）キリスト・イエスによる贖いの業を通して、神の恵みにより無償で義とされるのです。神はこのキリストを立て、その血によって信じる者のために罪を贖う供え物となさいました。」（ローマ3：24-25）において、〃罪を贖う供え物〃の語句は原典の意訳であり、適当ではないとする意見もある（田川健三、キリスト教思想への招待、勁草書房）。

一方で、内村鑑三は述べる。〝われなにゆえにキリストの死がわが罪を救うや知らず。われはただそのわが罪を救うの唯一の能力（ちから）なるを知る〟（鈴木俊郎編、内村鑑三所感集296頁、岩波）。

論議の展開にはいくつかの方法があり、そのなかには、実際的真実（practical reason）と論理的真実（theoretical reason）からなる組立てがある。この両者はいずれも重要で価値のある要素であるが、内村はここで、論理ではなく、実際的真実としてイエスの贖罪の死を理解したのであろう。

また聖書（研究者たち）の解釈では、上記のイエスの言葉と刑死の描写は、旧約聖書の詩篇22章全般とイザヤ書53章からの引用であるとしている。事実、上記のマタイ（27:46）、マルコ（15:34）に記された、イエスの十字架上の叫びは、詩篇（22:2）に同じ文章がある。このため、聖書記者がこの詩篇の文章を書き写したとも言われている。

引用の実態、比喩の由来、すなわち論理的真実を問うことは確かに大切である。しかし一方、実際的真実も、劣らずに意義のある、より重要な思考過程（材料）といえ、ここでは、自分個々の実体験が判断の主たる基盤になる。手、足に釘を打たれ、裸で十字架にさらされる。この痛みと屈辱を、我々が共感して獲得できるのか。この過酷な状況で私たちは、人々を恨むのではないだろうか。しかしイエスは、人の赦しを述べた。ここに驚きと、（イエスならばという）畏敬が生じる。

聖書の（論理的）解釈研究は、神との対話が成立するか否か、人々がイエスを体験するかに繋がらなくても進展する。しかし聖書は、（無音、非顕、不揺の状況にあるとしても）神との対話を行う一つの方法・手段である。

また、信じ難きを信じることが信仰である、これは宗教関連組織からよく聞く言葉だが、この信じ難き対象とは、存在（神）の超越性であり、人の意図した言葉、振舞い（ジェスチャー）ではない。

上記のスポングは言う。〝神と一つになることで、わたしたちは過去から現在までに身に着けた障壁を超えて生きることができる。十全に生き、存分に愛す、思い通りの人間になる。〟

「もし、わたしを知っていたら、私の父をも知るはずだ。」（ヨハネ8：19）

このように言うイエスを通して、（すなわち神との対話において）人は神と一つになり、極《きわま》りのない、イーソス（ethos、徳性）の旅を渉《あゆ》むことになる。

10　利他の孤独

「もしも私が依然として人々を喜ばそうとしているなら、私はキリストの僕《しもべ》ではないであろう。」（ガラテヤ1：10）

この言葉は、パウロが、世の趨勢や思惑に迎合して本来の目的を失い、イエスの教えから離れた人々に対して発した警句である。

人を喜ばせても、本道から外れた事業は長続きしない。たとえ人々に有益な利便を提供していても、他企業の技術を奪取して新製品を世に出すことに注思する会社は、遠からずに衰退する。このような組織は、内部においても相互信頼度が低いからである。また、分量が多く味の濃い食品は、人気を得るであろうが、しかし、顧客の健康維持・増進という視点に欠けるのであれば、人は離れる。

利他は、孤独の作業と言える。彼、彼女らは、大半の時間を目立たない地味な活動に費やす。卓越した料理人は、閉店後に一人で下拵《したごしら》えを進め、ピアニストは華やかな2時間のステージのために、何カ月もの練習を重ねて、これがすべてといってよい生活を送る。人を援ける志の下、創薬の研究を進める科学者は、深夜誰もいない実験室で検証を繰り返す。

そして、イエスも孤独と共に在った。彼は重い皮膚病を患う10人を治したが、1人だけがイエスに礼を言い、他の9人は、喜んでいるもののただ去っている。

「イエスが言った。病気が治り清くされたのは10人ではなかったか。ほかの9人はどこにいるのか。」(ルカ17:17)

去る人に謝意を期待することは難しい。これについて、カール・ヒルティは言う。〝なすべきことは、すべて神のためになせ。だれか人間のためであってはならぬ。これはただ失望と落胆に至るだけだ〟(秋山英夫訳編、希望と幸福—ヒルティの言葉、社会思想社)。ここに利他の孤独がある。なお、神は対価・貢物を必要としないので、〝神のために〟は〝神を思って〟と記述した方がよいように思う。

そして利他の活動では、関わる人の品格も問われる。慈善事業は、与える側に快感をもたらすが、しかし、何か問題や支障が生じて感情を損なうと、高圧的な態度に変わる人が多い。彼らは、往々にして、助けてあげるという上位者思考を保持して慈善の道に入るので、弱者である相手が服従して当然と考える。ここにも、独り自分を見直す作業が要求される。

11 突破口は用意される

企業人や公務員の少なからずの人は、安定した立場にあるという優越感をもち、しかもお粗末なことに、あたかもそれが権威であるかのような思い違いをする。このような性癖の人が、新たな職に適応することは難しく、起業にも不向きと言えるだろう。しかし、ここで聖書は、恥が栄光へ、弱さが力へ、そして、欲（罪）の心が精神（スピリット）に変わると言う。外れた道にある人でも、思いなおせば力を得ることができると説く。

「私たちは恥のうちに蒔《ま》かれ、栄光のうちに起こされる。弱さのうちに蒔かれ、力のうちに起こされる。自然的な体（欲）に蒔かれ、スピリットのある体として起こされ

る。」（コリント(I)15：43-44）

また私たちは、未来を危惧し、事業を前にして失敗の思い込みに陥る。実際、負け戦の予感ほど安易な居場所はない。負けると思っている方が楽であり、勝つための（プレッシャーに耐える等の）プロセスを必要としないからだ。しかし、もし、困難は突破できるという約束があれば、先々の結果を危ぶむ必要がなくなり、ストレスも消失する。そして、負け犬根性は虚飾だと見破ることができる。

聖書は、この約束を裏付ける。

「神は真実です。その神は、あなたがたが力を発揮できないような仕方では試練に会わせることはなく、むしろ、あなたがたが耐えることができるように、試練とともに、つき破って行く出口を用意して下さいます。」（コリント(I)10：13）

逃げ道ではなく、突破して望むものを得る出口である（新約聖書岩波版　注解参照）。

未来における生成・発展を疑わない心、この強靭な心のコアとなるものを、陽明学では良知という。致良知（良知をいたす）は、陽明学の根幹をなす思想であり、良知は内奥にある精霊と言い換えることができる。王陽明は、〝天のたすけによって良知を悟った〟と述べる（林田明大、新装版・新説「陽明学」入門、ワニ・プラス）。自力で知ったのではなく、天より与えられたという。他力本願、信頼の道がここにある。この他力は、仏の力、神の力を表し、人の力ではない。他力に依るときとは、人・己・物に頼る、その迷いから覚めるときでもある。

12　信頼は是に至る

明るい出来事と暗い側面とを基に、世があると人は評す。しかし聖書は説く。信頼する人の在り様は、前者が後者を圧倒する。

「神の子イエス・キリストは『然《しか》り』と同時に『否《いな》』となったような方ではありません。この方においては『然り』だけが実現したのです。神の約束は、ことごとくこの方において『然り』となったからです。」（コリント(Ⅱ)1：19-20）

神・存在は、積極性の「然り」であり、消極的思考・行動の「否」ではないと言う。光明と暗い出来事の2焦点からなる世の楕円は、前者が拡大して他を征服する。

また聖書は、神の無条件の恩恵（めぐみ）を説く。

「（その名を信じる）人々は、血によってではなく、肉の欲によってではなく、人の欲によってでもなく、神によって生まれたのである。」（ヨハネ1：13）

人の存在は、血統（家系）でも、行為（欲）でもない。神の御意（おもい）の下《もと》に成立する。この言葉は、現実においても実証されているように思う。例えば幸福、評価等は与えられるものであり、人が求めても（欲を追求しても）得ることは難しい。人は、幸いを求めるために不幸になる。実際には、不幸ではないことに気付き、謝して幸福に至る。世に好評を求めれば誹《そし》りを得、愛されようとするからそれを失う。

何もしないということではない、扉をたたき続け、（大事を思わず）小事をなし、（完全を求めず）未完のままに進むことではないだろうか。そして、神の時と命《めい》を待つ。こうして信頼するなかで、より大規模な仕事、完成度の高い成果が与えられるのであろう。

また祈りは、神（存在）を確認する作業と同義と言える。その実在を確信したが故に、祈りがあるのではなく、祈ることで神が隣在する。例えば窮地にある時には、信じるか否かや神の在・不在を考えない、ただ請願することになる。

また悪（サタン＝試みる者）は、待つ人、力を（整備し）蓄える人を嫌い、急がせる。世の評価を求めるように仕向け、多少でも利益を得た時には、幸運は自分の手柄と考えさせる。快楽を追えと囁き、ブランド品へと誘う。そして終には、糸の切れた凧《たこ》のようになった人々を見て嘲笑う。

この状況においては、形式（虚栄）に富む世を恐れないことが重要だろう。人が褒めようが貶《けな》そうが、評価にかかわらない。神が義《よ》しとすれば、すべてが善い。ここに「是」、「然り」の世界が与えられることになる。

起業は、形式（という殻）を突き破り、真実・真理を取り出す、世にないもの・こと、意外性を造る作業といえる。そして、この意外性のひとつが「自由」の成就、すなわち束縛（不便）、疾病、貧困、汚染等からの解放と言える。

こうして、起業家は障壁を越える。この壁は、設定する人達とシステム（規制）によって守られ、彼らは障壁を限界と言い換える。実際には、様々な弱点、欠陥を露呈するが、しかし、その勢力は大きく侮《あなど》れない。

ここに突破口（扉）の発見、構築が求められる。すなわち人は、扉を開くために日々再生し、心を開き、神より力を得ることになる。

イエスは、十字架刑死の3日後に復活し、弟子たちの前に現れた。（イエスの逮捕時には逃げ去った）彼らは、以降、勇気ある行動をあらわすなど豹変する。また、多くの人達はイエスを体験し、今もし続ける。

このイエスが提示した、死んで復活する（生まれ変わる）、その姿は、閉ざされた心を開く作業のなかでも具現化する。偏見、我執に捕らわれた心では、本質をみることが難しい。心を覆う殻は、真実にふれることを妨げる。

起業は机上の空論でも形式宗教でもない。意図的、非意図的に隠された真理を掘り出し、人々を解放（自由に）し、世を変え、向上の道を歩む、現在的な事業である。具体的な成果の積み重ねであり、そのためには、心を開かなければならない。

「見よ、わたしは万物を新しくする。」（黙示録21：5）

困難の時期は、新しい世界が開く時であり、そして勝利の前には、プレッシャー（圧迫、圧力）、ストレスが襲ってくる。起業家は、ここに閉塞（状況）と圧力を跳《は》ね除け、道を整え、伸ばし、さらに新たな航路をつくる。そして信頼は力と照明になり、歩む者を支え、行く道を照らす。

【聖書引用対照表】

本書での表記	聖書（新共同訳）での表記
イザヤ	イザヤ書
エレミア	エレミア書
ガラテア	ガラテアの信徒への手紙
コリント(I)	コリントの信徒への手紙一
コリント(II)	コリントの信徒への手紙二
サムエル(上)	サムエル記上
サムエル(下)	サムエル記下
使徒言行録	使徒言行録
出エジプト記	出エジプト記
箴言	箴言
申命記	申命記
創世記	創世記
テモテ(I)	テモテへの手紙一
テモテ(II)	テモテへの手紙二

本書での表記	聖書（新共同訳）での表記
ネヘミヤ	ネヘミヤ記
フィリピ	フィリピの信徒への手紙
ヘブライ	ヘブライ人への手紙
マタイ	マタイによる福音書
マルコ	マルコによる福音書
黙示録	ヨハネの黙示録
ヤコブ	ヤコブの手紙
ヨハネ	ヨハネによる福音書
ルカ	ルカによる福音書
レビ記	レビ記
ローマ	ローマの信徒への手紙

あとがき

私たちは、賞を受けるときに、持ってきてもらうことは滅多になく、受賞会場に出かけていく。同様に、幸運を用意する存在から、発展・成功というプレゼントをもらう際には、受け取るために出かける。

ここで、私たちが授賞式に行く動機の1つは、賞の授与が約束されているところにあるだろう。人は、保証があればためらうことが少ない。それどころか、進んで動く。したがって逆に、行動しない理由の大半は、倦怠を別とすれば、失敗の危惧（保証のない状態）にあると言える。

そして、世界が、（停滞と破壊ではない）生成と発展を主導する存在の支配下にあるのならば、成果に至る道が用意され、私たちは、授賞式に出かける気持ちで事業を進めることになる。また、この約束を思い行動のできる人は、逆境に強く、不安があっても顔を上げて微笑《ほほえ》む。

ここに本書の読者が、信頼の日々に在れば、その志・事業の進捗は予想を超えて加速され、さらに、たとえ波風の強い状況にあっても、穏やかなときのなかで成果を得ることになるであろう。なお、聖書は、人間が成すことではないとした意味を込めて、この〝であろう〟という言葉を用いる。

私たちの会社は2024年2月現在で18年を経過したが、予期せぬこの継続の要因は、原則・基準が与えられたことで、判断の土台ができ、選択の幅が増し、また（勇気を必要とする）決定もより迅速に行えるようになったところにあると思う。そして、神の配剤の下《もと》で、製品を使用していただいた多くの方々や、販売促進を行う機関・協会のご協力も、強力な支えとなっている。加えて本稿の執筆では、起業家・事業者や家族からの励まし、編集・印刷での小崎美和氏をはじめとする㈲鉱脈社の方々の尽力が大きな推進力となった。ここに深く感謝の意を表す。

なお私事になりますが、学生時の筆者に聖書を渡した、叔父・本川一郎の長男・譲治海軍大尉は、1945年5月11日学徒特別攻撃隊員として、鹿児島県串良（現在の鹿屋市）航空基地より出撃し帰還しなかった。本川一郎の父（牧師）は、ハワイで日本人のためのキリスト教会設立に尽力した。そして一郎の家族は、内村鑑三の教示も受けた。内村は非戦主義者ではあるものの、国家の決定には従うべしと記し、同大尉も同様の意思を表明している。しかしそれでも、訓練中においてクリスチャンであると公言し、書簡で戦争批判を行った。一方、特攻隊員であるがためか、彼の信仰の故かはわからないが、検閲した上官は黙認したという（渡辺光敏編集・発行、永遠の幕屋へ 本川譲治を偲びて）。なお、当時の軍隊の特質において、特攻隊員といえども戦争批判は許されない、この状況は推察できるように思う。数カ月後、菊水雷桜隊の彼機には、同僚たちと共に聖書と讃美歌集が同行した（白鷗遺族会編、雲ながるる果てに、河出書房新社）。ここに、九州に住を得た筆者は、戦場に赴いた先輩の方々と本川の平和の希《ねが》いを推し量り、思いを巡らせている。

著者経歴

前田　昌調（まえだ　まさちか）

静岡県伊東市生まれ。ベンチャー企業・バイオプロジェクト㈱代表取締役。機能微生物を用いた健康食品の製造と無薬農業・家畜飼育を推進。

著書は『水圏の環境微生物学』（講談社）その他。

聖書と起業　改訂増補版

2021年10月20日 初版発行
2024年３月５日 改訂増補版発行

著　者　前田 昌調

発行者　龔 秋燕

発行所　みつばち書房
宮崎市薫る坂2丁目12番地3　〒880-0947
TEL.0985-53-3301　FAX.0985-53-5648

印　刷
製　本　有限会社 鉱脈社
宮崎市田代町263番地　〒880-8551
TEL.0985-25-1758　FAX.0985-25-1803

本書の著作権料全額は、児童・青年の就学支援団体に寄付されます。